近代法の形成

村上淳一著

岩波全書 312

はしがき

日本の近代法のモデルとされたヨーロッパ近代法の特質は、すでに多くの学者によって論じられている。それにもかかわらず、あえてここに『近代法の形成』と題する本書を世に送るのは、次の理由による。

第一に、ヨーロッパ近代法についての従来の研究は、しばしば近代法の静態的な構造ないし構造原理の解明を目標とし、それゆえ前近代的・「封建的」な法との差異を図式的に強調するに急であった。しかし、日本において伝統的な法観念がヨーロッパ近代法の継受により一挙に清算されたわけではなく、今日に至るまでわが国の法文化に際立った特徴を与えているのと同様に、ヨーロッパ近代法も長い歴史的発展の上に形成されたものであって、ヨーロッパ諸国はそれぞれの法的伝統に基礎を有する独自の法文化を有しているのである。したがって、ヨーロッパの近代法と前近代的・「封建的」な法との断絶面のみに注目するならば、近代法の静態的構造そのものについても、実は不十分なとらえ方しかできない、ということになる。むろん、われわれは、法の発展における連続面を重視するあまりに法文化の差異を単純にそれぞれの民族性に還元してしまうという誤りに陥ってはならないが、それぞれの法文化が歴史的沈澱物としての側面を残しながら、それとの緊張関係において発展してきたという事情は、重視されてしかるべきである。

第二に、しかし、右の目的を達成するためには、ヨーロッパ一般について論ずるのではなく、対象を一定の地域社会に限定し、当該社会の全体構造の変動との関連において、各種の法分野の有機的つながりに留意しながら近代法の形成を論ずることが必要である。そのさい、イギリス、フランス、ドイツ等の近代国民国家を単位とするのでは本来不十分であり、たとえばブルゴーニュとかバイエルンとかのようなより小さな地域をとりあげてはじめて、社会の全体構造との関連で法の近代化をあとづけることが可能になると思われる（山田欣吾「ドイツにおける地域史の諸相」『一橋論叢』七九巻四号参照）。そのことは、一見、ヨーロッパ近代法の形成についての一般的命題の提示をおよそ不可能にするもののごとくであるが、実は、そのような個別的研究を通じてはじめて、さまざまの個別社会における近代法の形成にさいして共通に見られる諸要因が、浮かび上がってくるのである。そうした諸要因がそれぞれの社会構造に応じたしかたで組み替えられてゆくことによって、それぞれの特徴をもつ近代法が形成されてゆくわけである。したがって、ヨーロッパ近代法の形成を論ずるには、比較的小さな地域的単位の研究の積み重ねが、ヨーロッパ各国について行なわれなければならない。しかし本書は、大学におけるドイツ法講義の前半部分の教科書として執筆されたという事情もあり、また、何よりも著者の限られた能力からして、一方でドイツを主たる対象とし、英仏については折にふれて言及しえたにすぎない。他方、ドイツ内の各地域について、それぞれの全体構造との関連において近代法の形成を検討する作業も、従来のプロイセン中心主義を若干修正し、行政の展開に対抗する法共同体の要素を重視する、といった程度にとどまっている(このような修正の意義については、たとえば、Kurt von Raumer, Absoluter Staat, korporative Libertät, persönliche Freiheit, in: Absolutismus, hrsg. von Walter Hubatsch, 1973 を見よ)。こうした欠陥については著者自身の今後の努力によってこれを補ってゆかねばならないが、同時に、かつて野田良之教授が名著『フランス法概論』のはしがきで言われたように「ソリストとしてはほとんど価値のない」比較法学者の一人として、「大きなオーケストラか合唱の一メンバー」たりうることを願うものである。

第三に、本書では、法の近代化を社会の全体構造との関連において論ずるために、主として「概念史」(Begriffsgeschichte)研究の成果を利用した。概念史とは、ある政治社会の「内部組織、社会構造、精神的態度」(オットー・ブルンナー)の総体的把握をめざす Verfassungsgeschichte(通常「国制史」と訳されるが、ブルンナーはこれを、コンツェの提唱した Strukturgeschichteの概念と等置しているので、「構造史」と訳すこともできる)の一部をなすものである。たとえば「国家」とか「所有権」とか「民事法」とかの概念について、それが過去において近代法におけるとは異なる意味内容を有していたことを明らかにし、その意味内容とそれぞれの社会の全体構造とが相互に規定しあっていたことを指摘するとともに、そのような意味内容が社会構造の変化(近代化)に対応して変化してゆく過程を追跡するのが、概念史の任務である。このような概念史は、近代的諸概念の過去への投影によって歴史を構成しようとした一九世紀ドイツ史学に対する反省にもとづいて、近年ドイツにおいて著しい発展を見せており、その成果は、たとえば一九七二年以降逐次刊行されている『歴史基本概念辞典』(Geschichtliche Grundbegriffe)に示されている。こうした方法による具体的研究の進んでいるドイツについて、それらの研究を前提として法の近代化を論じようというのが、本書における著者の意図なのである。もとより著者は、「構造史」のもつ他の諸側面、とくに社会構造の歴史的分析の必要を軽視するものではない(Reinhart Koselleck, Begriffsgeschichte und Sozialgeschichte, in: Kölner Zeitschrift für Soziologie und Sozialpsychologie, Sonderheft 16, Soziologie und Sozialgeschichte を見よ)。しかし、本論で述べるように基本的に「政治社会」としての構造を有した旧ヨーロッパ社会については、たとえば資本主義の発達、その発展段階による位置づけ、といった図式が万能薬でありえないことは明らかであり、他方著者には直ちに社会構造の新たな総体的把握を試みるだけの蓄積はないので、本書は概念史に重点を置いたものとならざるをえなかった。しかしそれでも、概念史的アプローチは、従来の図式的把握に比して、近代法形成の歴史的過程を重層的構造においてとらえるために、多少なりとも役立ちえたかと思われる。

以上のような構想によって執筆された本書は、近代法の形成についてかなり思い切った見取図を描いている。何よりも、それは、いくつもの重要な点に関してドイツの先学の業績に依拠した、なお未完成な見取図である。それだけに、著者は、本書に対する批判を切望する。

一九七八年九月

村上淳一

目　次

第一章　政治社会と国家

一　旧ヨーロッパの政治社会

神聖ローマ帝国崩壊（一八〇六）の数年前に執筆した『ドイツ国制論』[1]において、ヘーゲルは、「ドイツはもはや国家（Staat）ではない」、と述べている。ヘーゲルによれば、国家というものには君主および身分制議会という一個の中心があって、さまざまの権力を統合するとともに各部分を自己に従属させるべきであるのに、ドイツにおいては、法によって、個々の帝国等族にほとんど完全な独立性が認められている。ドイツという国家的構造物は、個々の部分が全体（帝国）から奪い取った諸権利の総和にすぎないのであって、全体にはいかなる権力も残らないように監視する正義こそが、ドイツの国制の本質なのである。それゆえ、「ドイツ滅ぶとも正義行なわれよ」（Fiat iustitia, pereat Germania !）という碑文ほど、ドイツにとってふさわしいものはない。

このようなヘーゲルの見解については、次のことを指摘しなければならない。まず第一に、それは、三〇年戦争に終止符を打ったヴェストファーレン条約後におけるドイツ諸領邦の主権国家への発展と、帝国の空洞化を的確にとらえたものである。「多数のものが一個の国家《シュタート》を形成するためには、共有の軍隊と国家権力とが必要である」(ヘーゲル)という前提をとる限り、ドイツ(神聖ローマ帝国)はもはや国家《シュタート》ではない、という結論に至らざるをえないことは明白であった。しかし、第二に、「軍隊と国家権力」、すなわち常備軍と整備された行政組織とをもつ機構としての国家《シュタート》の観念は、ドイツにおいてもようやく一七世紀の後半以降、徐々に広まってきたものであって、それまでは――そして、そのような国家《シュタート》の観念と競合しながら一八世紀の末に至るまで――自由人ないしさまざまの自立的権力の形成する法共同体(Rechtsgemeinschaft)こそが、国家ないし政治社会(civitas sive societas civilis)にほかならぬとされてきたのである。(2) その意味では、ドイツ帝国はその終焉に至るまで、「国家ないし政治社会」であったと言わなければならない。しかも、法共同体としての「国家ないし政治社会」の観念は、ひとりドイツのみならず、アリストテレスの政治学を継受した旧ヨーロッパの国家論に共通の伝統をなすものであった。

アリストテレスが国家《ポリス》の本質を政治社会(politike koinonia)として、すなわち幸福な生活、徳ある生活のために結合した市民の共同体としてとらえたことは周知のとおりだが、そこで政治社会を構成するものとされた市民とは、非自由人に対して実力による支配を行なうことにより家を単位とする労働と生産を統率した、自由人としての家長たちにほかならなかった。[3] したがって、自由人の自由人に対する支配(すなわち実践《プラクシス》)が行なわれるべき政治社会＝国家《ポリス》においては、支配は法による支配、正義に合した支配でなければならなかった。

こうしたアリストテレス的政治社会＝国家論のヨーロッパ世界への継受については、マンフレート・リーデル(Manfred Riedel)のすぐれた概観がある。[4] リーデルによれば、この継受の過程はほぼ次のごとくであった。

ギリシアの国家《ポリス》と本来不可分に結びついていたアリストテレスの政治社会＝国家論は、まず、ヘレニズムにおいて一定の変容を見せる。すなわちヘレニズムにおいては、宇宙《コスモス》そのものを神々と人間とに共通の法、「自然」によって存在する法により統治される一個のポリスと見る発想が生まれ、ストアの自然法論によって、ギリシアの国家《ポリス》ないし共和政期までのローマの国家《キヴィタス》の国制の前提をなした主人と僕婢、市民と非市民の区別を止揚する傾向が示される。ローマにおける万民法の形成は、市民と非市民の区別の緩和に対応する現象であった。さらにキリスト教の普及も、とりわけ都市国家の枠を超えた神の国《キヴィタス・ディ》と地の国《キヴィタス・テレナ》の対置(アウグスティヌス)によって、アリストテレス的政治社会＝国家論の解体を促すことになった。

アリストテレス的伝統の復活を見たのは、一三、一四世紀のいわゆるアリストテレス継受においてである。今やスコラ学によって、政治社会(societas politica, societas publica, societas civilis)ないし国家《キヴィタス》の観念は、アリストテレスにおける都市国家の自然的倫理性を否定されながらも、神の国と

「家」との中間に新たな位置づけを与えられることになる。政治社会は、もはや市民を倫理的完成へと導くものとして目的論的＝自然的に、したがって超歴史的にとらえられるわけではなく、「一時的」な市民の生活との関連によって相対化されることになったが、それにもかかわらずやはり「永続的な社会」(societas perpetua)として重視されるのである(トマス)。

こうして改編されたアリストテレス的伝統は、宗教改革者たちによって、そしてまた、ベーコン、ホッブス、ボダンの近世哲学によって受けつがれた。たしかに、たとえばボダンにおいては、治者と被治者の同一性を前提とする支配の理念に代って主権的権力を有する統治者の支配という観念が出現しているが、その支配に服する社会から区別された国家概念が示されているわけではない。また、国家をもはや人間の集合体としてはとらえず、一個の擬制的人格としてとらえたホッブスでさえ、国家＝政治社会の等置を完全に克服することはできなかった。一般に、近世自然法論の契約説は、国家＝政治社会の自然的基礎づけを否定しながらも、同時に、国家を依然として――自権者(sui iuris)ないし自由人の契約によって形成された――政治社会としてとらえたのであった。労働によって取得された所有権による政治社会の基礎づけ(ロック)も、自権者の範囲の拡大の可能性を示したにすぎず、合理的な支配と行政の組織としての国家と、臣民団体としての社会との区別は、そこではまだ見られない。国家＝政治社会は依然として、家長＝自権者によって、その所有権の体系として構成されたのである。

一八世紀の自然法論者クリスティアン・ヴォルフ(Christian Wolff)にまで受けつがれたこの政治社会＝国家論の伝統に対する離反は、しかし、すでに一八世紀中に示されつつあった。すなわち一方で、モンテスキューは、結合契約と臣従契約の区別を手がかりとして、市民状態(État civil)と政治状態＝国家(État politique)とを区別した。もっとも、モンテスキューは、この市民状態を自然状態との対比において、文明《シヴィリザシオン》の成果としてとらえており、そのかぎりでこれを――政治的ではないにせよ――倫理的に、宮廷的・人文主義的な教養社会として理解している。それはまだ、私的な経済社会として国家に対置せしめられてはいない。

他方において、スコットランド学派の倫理哲学者とフランス重農主義者においては、政治社会についてのスタティックな自然理論は進化的・自然史的理論へと変容し、伝統的な政治社会の観念に代って、政治的・法的・経済的に自由な、市民的な社会の観念が登場した。そこでは、社会は、もはや家を単位として固定化されたものにはとどまりえず、しだいに身分や団体から解放された個人の経済秩序・所有秩序としてとらえられる。人間の自然と歴史はもはや社会の秩序によって限界づけられたものではなく、逆に、社会そのものが歴史をもつことになる。市民社会(civil society, société civile)は文明社会(civilized society, société civilisée)として、そのかぎりで脱政治的に理解されるのである。こうした傾向は、ドイツの思想界においても見られた(たとえば、ヴィーラントや、モーゼス・メンデルスゾーン)。かれらによれば、文明とは人間が市民へと陶冶されることにほかならないが、この市民への陶冶は伝統的な政治社会への陶冶ではなく、社交的生活への陶冶なのである。

だが、このような一定限度の脱政治化にもかかわらず、こうした市民社会＝文明社会論は、依然として倫理哲学的な――そのかぎりで政治的な――性格を保持しており、市民社会がもっぱら第三身分の利益ないし啓蒙君主の合理的行政のみによって操縦される傾向に対しても、批判を展開した。したがって、ここでも、市民社会は、すべての政治的機能を国家に譲り渡してしまった純粋な経済社会としてとらえられているわけではない。

同様な両面性は、カントについても指摘できる。しかしカントについては、ひとまずリーデルを離れて、カント自身のことばを聞くことにしよう。

カントによれば、国家《シュタート》すなわちキヴィタスとは、多数の人間が法律の下に結合したものにほかならない、とされる。[5] ここにいう法律(Rechtsgesetze)とは、むろん身分制的な法秩序と同一ではないが、さればといって国家権力が任意の内容をもつものとして定立しうるものでもない。この法律は、各人の自由意思が調和するための外的条件として定式化された法(Recht)の概念から導き出された、ア・プリオリな性格をもつものであり、その意味で、法律の形式《フォルム》は国家の形式《フォルム》、すなわち共同体への結合の規準としての法的原理に則した「理念における国家」にほかならぬ、とされるのである。このように国家《シュタート》を法共同体としてとらえるかぎりで、カントの国家論は、常備軍と行政機構とを国家の本質的要素と見る新しい国家論(とくにヘーゲル)とは異質の、古い基層の上にうち立てられたものであった。

それゆえ、カントにおいては、国家《シュタート》すなわちキヴィタスは、政治社会＝国家論の伝統にしたがって、政治社会《ソキエタス・キヴィリス》と等置される。それは、公民(Staatsbürger, cives)から成る政治社会なのである。いうまでもなく、身分制的特権の批判者たるカントにおいて、「公民」とは自由にして平等の存在である。すなわち、公民は、自己の同意せざる法律に服さないという意味で法律的自由(gesetzliche Freiheit)を享受し、相互に法的拘束を課しえないような上位者を認めないという意味で公民的平等(bürgerliche Gleichheit)を主張しうべきものとされる。しかし、このように定義された法律的自由および公民的平等の原理は、自由人から成る国家《ポリス》における法による支配の原理との連続性を示すものでもある。のみならず、カントは、政治社会の第三の原理として、公民的自立性(bürgerliche Selbständigkeit)を挙げている。それによれば、他者に依存することなく自分自身の諸権利と諸力によって生存しうる者だけが、共同体の単なる部分たるにとどまらずその成員《ミットグリート》として、他の成員とともに行為する《ハンデルン》——すなわち、アリストテレス政治学における実践《プラクシス》の意味で、政治社会の支配《ヘルシャフト》に参加する——ものとされる。かれらだけが共同体の能動的公民とされ、その他の者は、(本来公民の概念と矛盾する)受動的公民として位置づけられる。「商人や手工業者の下で働く店員ないし職人、雇人(国家に雇われている場合を除く)、(自然的または法定的な)未成年者、すべての婦人、それに、自己の仕事によらず(国家以外の)他人の指示にしたがって自己の生存(給養と保護)を維持せざるをえない者はすべて、公民的人格を欠いており、その生存はいわば付属的生存である」。

能動的公民と受動的公民とのこうした区別は、財産所有者の経済的自立性を基準とする区別としての一面をもっており、そのかぎりで、リーデルの次のような指摘(6)は首肯できる。「ここに見られるのは、歴史的に条件づけられた近代公民社会《ビュルガーリッヒェ・ゲゼルシャフト》の古典的・自由主義的概念である。それは、(封建的な)政治社会《ビュルガーリッヒェ・ゲゼルシャフト》と二重の関連をもつ。一方でそれは、アリストテレスによって規範化された政治社会の《法》の受容にさいして、自由そのものを人間の普遍的権利として公民社会に導入し、ヨーロッパの公民というものをヨーロッパの歴史と哲学の連続性から解放したことによって、自由と支配との関係を転換させた。他方でそれは、まさにこの連続性の遷延的要素に屈服した。けだし、自由が、とりわけ政治的解放が、支配と結びつけられていた——つまり、経済的諸前提によって阻害されていた——からである」。

しかし、職人とか雇人とかすべての婦人とかに対する支配が、カントの場合純粋に経済的な支配に還元されうるものであるか否かについては、疑問の余地がないわけではない。かれのいう受動的公民、共同体の非自立的な部分は、家(häusliche Gesellschaft)において家長《ハウスヘル》の支配と保護に服する妻・子・僕婢という概念と相蔽うものであった。むろんカントにあっては、家長の支配はもはや実力による支配ではない(家長と僕婢との関係もまた、契約関係としてとらえられている)。しかしカントは、妻・子・僕婢に対する家長の権利を「対物的対人権」(auf dinglicher Art persönliches Recht)なる概念によって把握することにより家長のヘルシャフトを承認し、また、家はすでに自然状態において法にかなった団体(rechtmäßige Gesellschaft)であったと説くことにより、政治社会(法的状態)における家長の地位を自然状態におけるそれの延長上に位置づけている。したがってカントの場合、まさに家長の自立性において、財産所有者の経済的自立性と、家の支配者の政治的自立性との重層的構造が認められるのであり、この重層性がカントの政治社会=国家論の特徴をなしているのである。[7] 同様のことは、人間は家長(chef de famille)となることによって国家の成員となる(『エミール』)、と説いたルソーについても指摘できるが、社会契約をなお事実としてとらえたルソーが、結局古代都市国家的モデルに立ち返ることによって普遍意思を構成することになったのに対して、社会契約をア・プリオリな規範としてとらえたカントにおいては、ア・プリオリな「自由の法則」とア・ポステリオリな「公民的自立性」との不整合性がより顕著に示されているのである。[8]

　このようにアリストテレス以来の政治社会=国家論が一八世紀末まで影響を残したという事情は、国家《シュタート》ということばの語義の歴史にも反映している。国家《シュタート》の概念史についてのヴァイナハト(Weinacht)の研究[9]によれば、一三、一四世紀に用いられはじめたシュタートという語は、一六世紀に入ってもラテン語のスタトゥス(status)と同じ意味で用いられていた。[10] すなわち、スタトゥスと同様に、シュタートも、当初は法的状態とか、身分にふさわしい生活・支出とかの意味をもっていたのである。そして、一五世紀の末には、この最後の意味の延長上にホーフシュタート(宮廷財政→宮廷)といった語が生まれ、さらに一七世紀には、ドイツにおける領邦統治の教典となったゼッケンドルフ(Seckendorff)の著名な書物、“Teutscher Fürsten-Staat”の表題にあるフュルステンシュタート（君主のシュタート）という言い方も見られるようになる。しかし、ゼッケンドルフにおいても依然として、シュタートは、領邦君主の状態、統治制度、国(Land)の善き状態、皇帝と帝国の状態等々の総称にすぎない。そこでは、フュルステンシュタートは君主の威厳・職務・宮廷・権力・統治等々と関連した意味をもちながらも、なお法共同体としての国《ラント》に向かって開かれており、ラントの法が君主のシュタートの一部を成していたのである。むろん、一七世紀には、一方においてラントの法共同体から遮断されたフュルステンシュタートの観念も登場する。すなわち、一七世紀中葉以降、フュルステンシュタートは、領邦君主の直轄権域管理の学としての財政学(Kameralwissenschaft)において一個の機構としての意味を与えられ、支配の機構としての国《ラント》、財政システムとしての国《ラント》がシュタートと呼ばれることになった。これが、ヘーゲルの意味における国家《シュタート》の出発点となったわけである。

だが、この新しい国家《シュタート》概念の生成と並行して、一七世紀には等族(Stände)によってシュタートの古い語義が再発見され、旧来の身分制的国制の意味でランデスシュタートといったことばが用いられるようになった。この、身分制社会の法秩序、自立的諸権力の法共同体という意味での国家《シュタート》の概念が、一八世紀の末に至るまで生命を保ってゆくのである。その端的な例はライヒスシュタートという概念において見られる。ライヒスシュタートとは、帝国《ライヒ》における等族《シュテンデ》、または帝国《ライヒ》としての等族《シュテンデ》の法的秩序を意味する語であった。それは、フュルステンシュタートの新しい概念とは違って一個の機構ではなく、君主という主権的頂点と整備された行政組織を必要としない。換言すれば、この国家《シュタート》概念は、アリストテレス以来の政治社会＝国家概念と同一に帰するものであった。まさにそのような意味において、一八世紀の帝国国法論(1)(Reichs-publizistik)は帝国の国家性を主張したのであるが、そればかりではない。領邦の財政学者《カメラリスト》たちも、フェルステンシュタートを法共同体としての国《ラント》にまで拡張しようとする場合には国家《シュタート》と政治社会とを等置したのであり、さらに、自然法論においても、国家《シュタート》はキヴィタスと同様に、契約によって形成された法共同体として、つまり政治社会としてとらえられたのであった。

それにもかかわらず、領邦《ラント》のレベルにおいて、一七世紀中葉以降、新たな国家《シュタート》概念が形成されはじめたことは、ヴェストファーレン条約以後の領邦の主権国家への発展を反映したものにほかならない。だが、まさにこのラントこそが、実はドイツにおける政治社会＝国家の本来の単位なのであった。われわれは、以下において、本来法共同体であったラントが近代主権国家へとその性格を変化させてゆく過程を、追跡しなければならない。

（1）　Hegel, Die Verfassung Deutschlands, Werke(Suhrkamp)Bd. 1, S. 461 ff.（金子武蔵訳『政治論文集(上)』四九頁以下）。

（2）　「国家ないし政治社会」の観念については、Werner Conze, Staat und Gesellschaft in der früh-revolutionären Epoche Deutschlands, in: Entstehung des modernen souveränen Staates(hrsg. von

H. H. Hofmann), 1967 を見よ。Otto Brunner, Neue Wege der Verfassungs- und Sozialgeschichte, 1968(ブルンナー著・石井紫郎＝石川武＝小倉欣一＝成瀬治＝平城照介＝村上淳一＝山田欣吾訳『ヨーロッパ――その歴史と精神』)所収の諸論文も、旧ヨーロッパ(Alteuropa)における「国家ないし政治社会」の観念の存在を前提として、経済社会としての近代市民社会をこれに対置している。旧ヨーロッパ的な「国家ないし政治社会」の観念、およびとくにヘーゲルによるその克服を詳細に論じたものとして、Manfred Riedel, Studien zu Hegels Rechtsphilosophie, 1969; Derselbe, Bürgerliche Gesellschaft und Staat bei Hegel, 1970; Derselbe, System und Geschichte. Studien zum historischen Standort von Hegels Philosophie, 1973; Derselbe, Metaphysik und Metapolitik. Studien zu Aristoteles und zur politischen Sprache der neuzeitlichen Philosophie, 1975 は重要である。「国家ないし政治社会」から「国家と市民社会の分離」への概念史についての今後の研究は、リーデルを出発点とすることになろう。

(3) 自由《フライ》ないし自由人《フライエ》はゲルマン語の frija――奴隷との対比において「首をつながれていない」こと――に由来し、友達《フロイント》と語原を共通にする、とされている(Werner Conze u. a., Artikel "Freiheit", in: Geschichtliche Grundbegriffe, Bd. 2, 1975)。コンツェの要約的記述によれば、「自由《フライ》とは、それゆえ一つの法的概念であり、それによって血縁共同体・部族共同体の成員が外部の者《フレムデ》すなわち非自由人から区別されたのである。そのことからして、現在に至るまで形を変えながら残っている自由の二つの主たる意味が出てきた。第一に、自由であること(自由)とは、《自由》が保たれている集団ないし領域のなかで外部の権力を免れていることであり、第二に、自由であること(自由)は、実効性ある自己の権力ないし承認されている権力によって外部の力による侵害ないし抑圧から守られている場合(平和《フリーデ》)にのみ、存続しうるのである」。したがって、自由人によって構成された政治社会という言い方をする場合にも、その自由は政治社会以前のものとして固定的にとらえられるべきではなく、政治社会において保障されるものとして――その意味で相対的に――理解されねばならない、ということになろう。なお、ゲルマン時代ないし中世の自由および自由人概念、とりわけ「国家の中へもちこまれた自由」と「国家に由来する自由」の問題については、石川武「国王自由人学説とその問題点(一)―(六)」(『北大法学論集』一二巻二号―一三巻三・四号)、同「《完全自由人》とは何か」(久保正幡編『中世の自由と国家(上)』所収)を見よ。

(4) Manfred Riedel, Artikel "Gesellschaft, bürgerliche", in: Geschichtliche Grundbegriffe, Bd. 2, 1975.

(5) Kant, Die Metaphysik der Sitten, Erster Teil: Metaphysische Anfangsgründe der Rechtslehre, §§ 44, 45(加藤新平＝三島淑臣訳『人倫の形而上学・《法論》』)。

(6) Riedel, a. a. O., S. 762 f. より詳細なリーデルの見解は、Derselbe, Herrschaft und Gesellschaft. Zum Legitimationsproblem des Politischen in der Philosophie, in: Metaphysik und Metapolitik に示されている。

(7) のちに述べるように(八五頁以下)、カントは自然状態における土地所有共同体から先占(実力による支配の一方的宣言)によって個人の暫定的所有を生じ、それが政治状態(政治社会＝国家)において確定的所有として保障されるという構成をとっており、そのさい暫定的および確定的な所有の秩序が――つまり自然状態と政治社会を通じての所有秩序が――私法としてとらえられているのである。ここに家の支配者の政治的自立性と財産所有者の経済的自立性との二重の自立性を認めることは、困難ではないであろう。

(8) こうした不整合性は、カント自身によって示唆されてもいる。Metaphysik der Sitten, Rechtslehre, Vorrede によれば、法の概念はア・プリオリに定義された純粋な概念ではあるけれども、同時にそれは実務《プラクシス》に向けられた――経験において現れるさまざまの事例への適用に向けられた――概念でもあるから、法の形而上学的体系の組み立てにさいしては、さまざまの事例の経験的多様性を顧慮せざるをえない。しかるに、経験的なるものの分類にさいして完全を期することは本来不可能であるから、法理論には、「法理論の形而上学的基礎(Anfangsgründe)」という表題の示すように、体系そのものではなく、体系への接近(Annährung)のみを期待することができる、とされる。このようなカントの断り書きから明らかなように、カントの法理論は、法のア・プリオリな定義のみならず、多くの経験的内容を含んでいるのである。

(9) Paul-Ludwig Weinacht, Staat. Studien zur Bedeutungsgeschichte des Wortes von den Anfängen bis ins 19. Jahrhundert, 1968. シュタートの語義の歴史についての重要な研究としては、A. O. Meyer, Zur Geschichte des Wortes Staat, in: Welt als Geschichte, Jg. 10, 1950 があり、その後、Wolfgang Mager, Zur Entstehung des modernen Staatsbegriffs, 1968 も発表されているが、ヴァイナハトの研究が最も詳細である。国家《シュタート》の概念史についての本文の叙述は、主としてヴァイナハトによる。

(10) 古代、中世における status の多様な用法については、ヴァイナハトおよびとくにマーガーの研究を参照されたい。なお、国家の概念史において重要な意義をもったマキアヴェリの stato 観については、ヴァイナハトのほかに、佐々木毅『マキアヴェッリの政治思想』(一九七〇)が詳細な分析を示している。

(11) 帝国国法論については、村上淳一「《良き旧き法》と帝国国制(二)」(『法学協会雑誌』九〇巻一一号)、栗城壽夫「十八世紀ドイツ国法理論における二元主義的傾向(三)(四)」(『法学雑誌』一二巻一号、四号)を見よ。

二　ドイツにおける政治社会の存在形態

中世ドイツにおける各ラントがそれぞれ一個の法共同体、平和共同体にほかならなかったことを明らかにしたのは、オットー・ブルンナー(Otto Brunner)の古典的研究『ラントとヘルシャフト』[1](一九三九)である。ブルンナーによれば、ラントの統一性を支えたのは、それぞれのラント法(Landrecht)であった。むろん、ラントの形成と維持にさいして君侯(Landesherr)が果した役割を見逃すことは許されない。複数のラント法地域が君侯の手によってはじめて一個のラントへと統合された例は多数見られるし、他方においてたとえばスイスのカントンのように、君侯の支配権力が消滅したのち、なおラント法的統一性を維持しえたのは、例外にすぎない。比較的大きなラントでは、君侯の没落はラントの解体をもたらすことになったのである。しかし、「君侯の統治のみがラントを形成し、維持した」ことを認めなければならないとしても、ラントの核心となり、担い手となったのは、やはりラント法の下で生活する領主(Grundherr)または農民の法共同体・裁判共同体であった。このラント法は、中世的法観念にしたがって、良き旧き法(gutes altes Recht)、良き慣習、正義そのものとしての性格をもっており、支配者としての君侯と、被支配者としての領主ないし農民——その意味での国民(Landvolk, Landleute)

ないしラント団体(Landesgemeinde)――とをともに拘束した。ラント法の遵守によって自立的諸権力から成るラントの平和(Landfriede)を維持することが、ラントにおける最も重要な政治的課題であった。ラント法を破ることにより平和を侵害した者は、法共同体からの追放の危険に曝された。ラントの法共同体、平和共同体としての性格を端的に示すこの追放刑(Acht)は、中世中期以降、君侯の流血裁判権の発展に伴って死刑が広く行なわれるようになってからも、維持されてゆくのである。この、ラントの平和にかかわるいわゆる高級裁判権によって規制されていない分野では、追放刑による絶対的な平和喪失ではなく加害者と被害者との間の一時的・相対的な平和喪失、すなわち被害者から加害者への正当な実力行使(Fehde)によって正義が回復されるべきものとされ、また、それと並んで、裁判所(裁判所としてのラント団体または君侯の裁判所)において紛争を解決する可能性も与えられていたが、この場合にも、判決の執行は大幅に勝訴当事者の実力にゆだねられていた。

そのことから明らかなように、中世のラントにおいては、国家権力は君侯《ランデスヘル》とラント団体によって分有されており、ラント団体の成員一人ひとりが国家権力の一部を担っていたのである。自己の権利をみずから守りうる者、完全な武装能力をもつ者、フェーデ能力のある者だけが、法共同体としてのラントの成員でありえた。それ以外の者は、何らかの守護者(Vogt)の支配に服し、その保護と庇護(Schutz und Schirm)を享受するほかはなかった。自立的諸権力の法共同体としてのこうした性格は、ブルンナーによれば少なくとも中世末期まで、ラントの構造を特徴づけたのであった。

　ブルンナーによれば、一三世紀に入るまでは、各部族がそれぞれのラント法＝部族法によって統合され、ラントとしての統一性を示していた。諸部族によって選出された国王はそれらのラントを巡幸し、各ラントの国民《ラントロイテ》の忠誠誓約を獲得しなければならなかった。帝国追放（平和剥奪）刑も当初は当該の部族ラントについてのみ宣告されえたのである。そのことは、しかし、国王が、法共同体としての各ラントを、その長《ヘル》として直接に指導しえたことを意味した。これに対して、一三世紀以降は、太公《ヘルツォーク》たち、ないしそれに準ずる権力が、ラント平和運動[2]によってそれぞれの支配領域をラント法的統一体、すなわちラントへと転化させ、その上に領邦君主(Landesherr, Landesfürst)としての支配を確立してゆくことになる。国王は、部族ラントについての直接的な支配に代って、領邦君主《ランデスヘル》たちに対する支配――ならびに帝国直轄領についての支配――を行ないうるにすぎないものとなった。

　このようにして太公支配から発展したラントのほかに、ブルンナーは、より狭い支配管区としてのグラーフシャフト(Grafschaft)からラントが形成された場合の多かったことを指摘する。ただし、この場合、国王の行政管区としてのグラーフシャフトがそのままラントへと発展したというよりは、ラント平和運動によって流血裁判権を獲得した新たな権力が、開墾地をも含めた自己の支配領域の上にグラーフ的諸権利を行なうことによって、新たなラント法領域を生み出していったのである。もっとも、この場合には、君主によって結合されたさまざまの所領がラント法的統一体へと統合される場合もあれば、群小ラントの複合物にとどまる場合もあった。だが、いずれにせよ、一三世紀以降、太公の管区において成長した新しい領邦《ラント》と領邦君主《ランデスヘル》のあとを追って、一人の君主の手に結合された複数の所領から一個のラントが形成されてゆく傾向が認められる。

　ブルンナーによって描き出されたこのような見取図には、とくに法共同体としての部族ラントの観念に関して修正の余地がある。(3) しかし、少なくとも、法共同体としてのラントが中世中期以降も——否、まさに中世中期以降に——形成されていったことは、ブルンナーによって明快に指摘されている。いわゆる中世的法観念は、おそらくそのようなラントにおいて展開されてゆくのである。すなわち、中世的法観念の特徴を描き出したフリッツ・ケルン(Fritz Kern)は、ゲルマン世界ないし中世における法はもろもろの良き旧き権利の総和としての良き旧き法であり、したがって支配者による良き旧き権利の侵害は、同時に良き旧き法・神聖な法の侵害として支配者から神寵を奪い、被支配者の反抗権を基礎づけた、と説いたが、(4) クレッシェル(Kroeschell)およびケーブラー(Köbler)の近年の研究(5)によって、中世初期における法《レヒト》＝権利《レヒト》の二重概念の普遍的存在は疑問とされるに至っている。そのことは、ゲルマン世界における神寵王権と反抗権との関連を指摘し、そこから中世の反抗権を導き出したケルンの見解が、今日ではもはや支持されなくなっていることとも対応する。クレッシェルによれば、(6) 中世の反抗権は「中世的身分制国家の、契約観念によって特徴づけられたレーン法的基礎」に由来するものとされるが、このようなレーン法重視の当否はさておき、クレッシェルにおける反抗権のゲルマン的起源の否定と、権利《レヒト》＝法《レヒト》の二重概念が——ローマ法の権利《ユース》＝法《ユース》の二重概念の影響の下に——一二世紀以降普遍化したとする指摘との関連は明らかである。さらにクレッシェルによれば、法が良きものであり、旧きものであるという観念自体もゲルマン的由来によって説明されるべきではなくローマ的起源をもつものであり、「良き旧き法」の観念はむしろ中世末期から近世にかけて領域的支配の確立をめざす君侯《ランデスヘル》の努力に対する農民の抵抗のイデオロギーとして大きな役割を演じた、とされる。このような新見解をブルンナーのラント論と調和的に理解することは困難ではない。ブルンナーはたしかに、一方ではケルンにしたがって、少なくともすでに部族ラントにおいていわゆる中世的法観念が認められる、としている。しかし、かれは、他方において、部族ラントが人的結合による法共同体であったのに対し、一三世紀以降の「新しいラント」は、領域的支配が同時に法共同体としての性格をもつものであったことを強調する。(7) 換言すれば、部族ラントにおいては裁判共同体ないし軍事共同体の指導者としてのランデスヘルは同等者中の第一人者(primus inter pares)にすぎず、法的関係は人的・相対的なものにとどまったのに対して、「新しいラント」においては、ランデスヘルは、流血裁判権を中心とした権力を行使する守護者として、領域《ラント》全体の上に支配を行なうようになる。それにもかかわらず、ランデスヘルは依然として領域内の諸権力の自立性を否認しうるには至らず、かれの支配すなわち保護と庇護(Schutz und Schirm)は被支配者の助言と助力(Rat und Hilfe)に支えられたものであるほかはなかった。このような「保護と庇護」と「助言と助力」の相互的関係の上にはじめて、良き旧き権利の総和としての良き旧き法という観念、権利=法の二重概念が普及し、反抗権行使の正当性(正当なフェーデの観念)が強調されることになったと思われる。その意味で、いわゆる中世的法観念、支配者と被支配者を同時に拘束する良き旧き法の観念は、中世中期以降のラントにおいて十全な展開を見せたということができる。ブルンナーは「新しいラント」が一三世紀以降形成されたとしているが、領域的支配の形成は少なくとも叙任権闘争の時代から進行しているのであるから、法＝権利の二重概念が一二世紀に普及しはじめたとしても不思議ではない。要するに、中世中期は、ランデスヘルの領域的支配が形成されはじめた時期であり、同時にそのラントが、ランデスヘルシャフトとの緊張関係において、いわゆる中世的法観念の展開される舞台としての性格を明らかにした時期であった。中世中期において、ラントはランデスヘルによって、しかも法共同体として形成されたのである。

法共同体としてのラントを支えた国民《ラントロイテ》は、当初は農民(たとえばスイスの原始三州の場合)、または貴族の領主《グルントヘル》たちから成っていた(後者には、グラーフから騎士に至る諸身分が含まれる)。しかし、一五世紀に入ると、貴族が狭義のラント団体をなしているところでも、高級聖職者や都市が領邦議会(Landtag)に登場することになり、また、たとえばティロールにおけるように、領邦君主の下級裁判権に服する農民共同体がこれに加わる例も見られる。これらのいわゆる領邦諸身分(Landstände)が、領邦君主《ランデスヘル》とともに法共同体としてのラントを構成したわけである。領邦君主と領邦諸身分の両者に共通する良き旧きラント法が、領邦君主の諸権益と領邦諸身分の諸自由・諸特権とを同時に基礎づけた。領邦君主は、ラントとラント法とラントの平和とを保護する義務を負い、領邦諸身分はそのさい領邦君主に助言と助力を提供する義務を負った。この双務的関係を確認するために、領邦君主の交替にさいして領邦諸身分は服従宣誓

(Erbhuldigung)を行ない、新たな君主は法と諸身分の自由とを守ることを誓約したのである。領邦君主と領邦諸身分の協力なしには、ラント法にもとづく裁判も、ラントの防衛のための軍事力の行使も、不可能であった。

しかし、領邦君主と領邦諸身分とは、つねに協同して行動するという関係にあったわけではない。両者の利害が対立し、交渉によって解決がはかられる場合も少なくなかった。領邦議会《ラントターク》とは、そのような必要から生まれた制度である。そもそもラントの君侯は、裁判所としてのラント団体、すなわちいわゆるラントタイディング(Landtaiding)の助言と助力に依存することによってラント法を維持しえたのであるが、領邦君主はしだいにラントタイディングから自己を解放し、その助言と助力の機能を宮廷裁判所(Hofgericht)、宮廷会議(Hoftag)ないし枢密顧問(geheime Räte)といった、より狭い助言者グループに集中させることになる。したがって、一四世紀には、領邦君主と国民《ラントロイテ》との制度化された交渉の場は存在しなかった。しかし、領邦君主が自己の直轄権域(Kammergut)から獲得する収入は領邦権力を確立するための諸政策を賄うに足りなかったから、一四世紀末から一五世紀はじめにかけて、領邦諸身分との交渉の場としての領邦議会《ラントターク》が制度化されることになったのである。領邦君主は、領邦諸身分の助言と助力を必要とする場合、領邦議会を召集した(これに対して、領邦諸身分は召集を要求する権利をもたず、召集された場合にはこれに応ずる義務があった)。領邦議会の任務は、原則として、ラントの平和を決議すること、および、領邦君主のための臨時の軍役と租税の提供を承認することにあった。

このように一五世紀以降、領邦議会を舞台とする領邦君主と領邦諸身分(領邦等族)との「交渉」(Verhandeln)、その対抗関係が前面に現れるようになると、ラントという語は、領邦君主の狭義における支配域(すなわち直轄権域)から区別された、領邦諸身分の権域を意味し、領邦諸身分と等置されるようになる。その意味でのラントの観念は、すでに一三世紀の末に見られるが、一五世紀以降は、領邦君主と、行為能力ある団体としてのラントとの二元主義が、いわゆる身分制国家(Ständestaat)としての領邦の統治構造を規定することになるのである。こうして、領邦諸身分は、近世を通じてしだいに特権集団としての色彩を強めてゆき、助言と助力により君主に法を遵守させる——法を破った君主に対しては反抗権を行使しても法の回復をはかる——機能を失ってゆく。反抗権が主張される場合には、それは、領邦君主が要求する主権(Souveränität)を全面的に自己の側に奪い取ろうとするものにならざるをえない。こうして、絶対主義の下において、法共同体としてのラントは崩壊してゆくのである。

それにもかかわらず、すでに述べたように一八世紀の末に至るまで伝統的な政治社会=国家論の影響が見られたという事実は、法共同体としての国《ラント》の観念に対応する社会史的現実が近世のドイツに存在したことを推測させる。一般に近世ヨーロッパの絶対君主は——フランス国王ルイ一四世でさえも――あくまでも法にしたがった支配を行なうことを標榜したのであって[8]、絶対主義的政策の強行によって法を破った君主は神寵(Gottes Gnade)を失い、反抗権の行使を受けないまでも暴君《テュラン》の汚名を蒙ることになったのであるが、近世ドイツの領邦君主も、たとえばプロイセンのように法共同体としての各ラントの解体と平準化にある程度成功した場合でさえ、帝国国制(Reichsverfassung)という外在的な制約要因によって、対内的主権を完全に確立するに至らなかった。ドイツ帝国がその終焉に至るまで、さまざまの自立的権力(この文脈では、とりわけ各領邦権力)によって構成された法共同体としての性格を維持したという事情が、領邦の内部構造に反映して、領邦絶対主義の貫徹を阻害しつづけたのである[9]。そのために重要な役割を演じたのが、帝室裁判所(Reichskammergericht)および帝国宮廷法院(Reichshofrat)において実行された帝国の裁判権であった。

一一二二年のヴォルムスの協約によって叙任権闘争に終止符が打たれたのち、帝国の運命は聖俗諸侯の手に握られることになる。領邦権力の確立と帝国の空洞化は、それ以後不可逆的に進行していった[10]。シュタウフェン朝のフリードリッヒ・バルバロッサ(一一五二―九〇)およびハインリッヒ六世(一一九〇―九七)は、なお王権の主導による全ドイツ的統一をめざして努力したが、ハインリッヒ六世の死とともにこの努力も最終的に挫折し、フランスの支持を得たシュタウフェン家とイングランドによって支持されたヴェルフェン家との闘争が再開される。そして、イングランドのジョン失地王と結んだヴェルフェンのオットーが、ブーヴィーヌの戦(一二一四)でフランス王フィリップ二世に敗れた結果、フランスの庇護下にあったシュタウフェンのフリードリッヒ二世が一応の勝利を収めたが、そのフリードリッヒも聖俗諸侯に対する大きな譲歩によってどうにか帝国の安定をはかることができたにすぎない。一二四五年、教皇イノケンティウス四世は、「選帝権ある」ドイツ諸侯(ケルン、マインツ、トリーアの大司教ならびにライン宮中伯、ブランデンブルク辺境伯、ザクセン太公)をして対立王を選出させる。こうして、フリードリッヒ二世死後のいわゆる大空位時代(一二五四―七三)には、選帝侯会議(一二五七年以後はボヘミア国王が加わる)が辛うじてドイツのまとまりを示すという状態となった。一二七三年に南西ドイツの弱小のハープスブルク家からルドルフを国王に選出した選帝侯会議は、その後も順次弱体の家系から国王を選出してゆく。そして、ルクセンブルク家のカール四世の下で制定された金印勅書(一三五六)が選帝侯の領邦について不上訴特権および不移管特権を承認したことにより、帝国の空洞化はいっそう進行する。一四三七年以降ほとんど切れ目なしにドイツの王権・皇帝権を承継してゆくハープスブルガーは、オーストリア世襲領および(一五二六年以降)ボヘミアを地盤としながら、帝国諸侯ないし帝国等族(Reichsstände)とともに、空洞化された帝国をその崩壊(一八〇六)に至るまで支えてゆくことになるのである。

むろん、その間にも、帝国等族の自立性はますます強まってゆく。マクシミリアン一世の治下、ヴォルムスの帝国議会(Reichstag)で制定された永久ラント平和令(一四九五)は、帝国等族の合意によって実力行使《フェーデ》をやめようとしたものであり、この目的を達成するために、帝国等族は、国王を強制して、従来国王の宮廷で行なわれていた帝国の最上級裁判権を、帝国等族の影響下に設立された帝室裁判所に移譲させた。さらに、帝国等族は、結局失敗に終ったとはいえ、国王の支配権を帝国等族の組織としての帝国統治府(Reichsregiment)に移譲させようと試みた。そして、宗教改革によって中世普遍世界が最終的に消滅したのち、三〇年戦争を終結させたヴェストファーレン条約が、ドイツの各領邦に国際法上の権利能力、すなわち対外的主権を承認することになったわけである。

しかし、このような発展にもかかわらず、帝国はその終焉を迎えるまで、重要な機能を果しつづけた。すなわち帝国は、帝室裁判所、および一六世紀中葉に皇帝直属の官庁としてヴィーンに設立され、しだいに帝室裁判所と並ぶ帝国の最高裁判所(兼最高行政官庁、レーン官庁)へと発展することになった帝国宮廷法院の活動によって、自立化しつつある諸領邦により構成された法共同体・平和共同体としての性格を示したのである。

当初金印勅書によって選帝侯の領邦に限って承認された不上訴特権・不移管特権は、その後しだいに他の領邦にも拡大されていったが、これらの特権は、帝国等族自身の裁判籍が帝国の裁判所にあるという原則を動かすものではなかった。(11) したがって、領邦がこれらの特権を享受している場合であっても、領邦の臣民が領邦君主(帝国等族)を相手どって領邦裁判所に提起した訴について領邦の裁判所が裁判を拒否した場合、またはその裁判がいちじるしく遅延したときは、領邦臣民は自己の君主を帝室裁判所または帝国宮廷法院に訴えることができた。領邦の裁判所の下した判決が無効であると主張された場合も同様である。そして、このような原則は、帝国の終焉に至るまで決して単なる建前にとどまったわけではなく、領邦等族ないし領邦臣民が自己の君主を相手どって帝国の裁判所に訴を提起した多くの実例が知られている。むろん、領邦君主、ことにたとえばプロイセンのような強力な領邦の君主にとっては、領邦絶対主義の確立にとってのそのような障害は万難を排して克服すべきものであり、たとえばフリードリッヒ・ヴィルヘルム一世は、一七三一年に帝室裁判所の維持のための分担金の増額を拒絶し、また、一七一六年から一九年にかけて帝国宮廷法院の判事の買収をはかるなどの方策をめぐらした。他方において、これらの裁判所も、つねに領邦等族ないし領邦臣民の期待にこたえる裁判をしたというわけではない。しかし、これらの裁判所、とくに皇帝直属の帝国宮廷法院は、しばしば領邦等族ないし領邦臣民の権利(既得権)の保護に大きな役割を果したのである。

そのような裁判所の活動の実例は、フリードリッヒ・ヘルツ(Friedrich Hertz)の研究[12]によって紹介されている。たとえば、グラーフシャフト・ホーエンツォレルンの農民は、領邦君主のホーエンツォレルン＝ヘヒンゲン伯に対して、伝統と自然法と聖書とを援用して自由狩猟権の確認を迫り、一七、一八世紀にしばしば一揆を起こすとともに、一七〇〇年以降、帝室裁判所および帝国宮廷法院において法廷闘争を展開した。これらの裁判所、ことに帝室裁判所が数回に亙って下した判決は、必ずしもすべてが農民にとって有利なものではなかったが、基本的に農民の自由狩猟権を認めるというのが裁判所の態度であった(なお、この紛争には、ようやく一七九八年の和解によって終止符が打たれた)。

帝国の裁判所が領邦君主に対する領邦等族の抵抗を支えた実例としては、たとえばメクレンブルクの場合がある。三〇年戦争後、強大な軍事力を実現しようとした太公クリスティアンの徴税政策に対抗して、メクレンブルクの領邦等族（騎士身分）は何度も帝国宮廷法院に訴を提起し、原則として勝訴の判決を獲得した。とくに、一七一三年に即位した太公カール・レオポルトに対しては、帝国宮廷法院はきびしい態度で臨み、カールと同盟を結んだピョートル一世のロシア軍がメクレンブルクに進駐したさいには、ただちにハノーファーとブラウンシュヴァイクに対して軍事的介入を命じた。ハノーファーの選帝侯すなわちイギリスのジョージ一世がメクレンブルク沖に艦隊を派遣した結果、ピョートルはやむなく軍隊を撤収することになったのである。さらに帝国宮廷法院は、一七二八年、残虐行為と司法の濫用を理由に、みずからカールの統治権を管理する旨の決定を下した。メクレンブルクの身分制的国制は、このような帝国宮廷法院の活動によって基礎づけられたのである。メクレンブルクと並んで身分制的国制を特徴とすることになったヴュルテンベルクの場合も、太公と領邦等族との紛争にさいして、帝国宮廷法院が領邦等族にとって有利な解決を与えたことが知られている。

　このように、近世の帝国は、とくにその裁判所の活動を通じて、領邦君主の対内的主権の確立を法的に束縛しつづけてゆくのである。帝国そのものが帝国等族の大幅な自立性を前提とする一個の法共同体にとどまっただけではない。領邦もまた、まさに帝国国制の下にあることによって、法共同体としての性格を清算しうるには至らなかった。領邦君主を帝国の裁判所へ訴えることができるという原則は、領邦の内部において、領邦の裁判所が君主の行政による権利侵害の有無を法的に審査することをも可能にしたのである。このような機能をもつかぎりで、帝国国制の維持が領邦等族の利益に合したことはいうまでもない。しかし、そればかりではなく、中小の領邦にとっては、法共同体としての帝国の傘の下にとどまることが、存立のための不可欠の条件であった。他方、本来もはや帝国の傘を必要としなくなった一八世紀のプロイセンのような大領邦にとっては、帝国に対する完全な離反は、ヨーロッパの勢力均衡の崩壊をもたらしうるゆえに不可能であった。(13)

バーダー(Bader)は、領邦と帝国とはそれぞれ異なる原理にもとづいてドイツの政治秩序の形成と維持を分担したのであり、領邦権力の確立は帝国の弱体化をもたらしただけでなく、帝国が果しえない秩序化機能の引き受けによって帝国の強化に役立つことにもなった、と指摘している。(14) これに対して、逆に、ドイツの領邦は、帝国の傘の下にとどまることによって——つまり、法共同体としてのラントの完全な清算を断念することによって——列強の脅威に対抗しつつみずから主権国家へと接近しえた、という逆説的な命題を提示することもできよう。それでは、主権国家をめざす領邦君主の努力は、どのようなかたちで実ったのであろうか。

(1) Otto Brunner, Land und Herrschaft, Grundfragen der territorialen Verfassungsgeschichte Österreichs im Mittelalter, 1939. 本稿では一九六五年の第五版によった。ブルンナーの歴史学については、ブルンナー著・石井紫郎ほか訳『ヨーロッパ——その歴史と精神』の「訳者あとがき」(成瀬治氏執筆)

を見よ。ブルンナーにおける Verfassungsgeschichte の観念については、山田欣吾「Verfassungsgeschichte について——W・シュレジンガーとO・ブルンナーの場合」(『一橋論叢』六四巻五号)、平城照介「構造史と概念史」(『中央大学文学部紀要』一三号)をも参照。とくに『ラントとヘルシャフト』については、わが国にはじめてその研究史上の意義を紹介した堀米庸三「中世国家の構造」(『ヨーロッパ中世世界の構造』所収)があるほか、成瀬治「"Landständische Verfassung"考——身分制の歴史理論的把握のために(中)」(『北大文学部紀要』一四巻三号)、同「身分制社会の構造史的考察について——オットー・ブルンナーの理論の再検討を中心に」(堀米庸三編『西洋中世世界の展開』所収)が重要である。最後のものは、世良晃志郎「オットー・ブルンナーの《ランデスヘルシャフト》観について——身分制社会研究ノート」(『法学』三六巻二号)のブルンナー批判に対する応答を含んでいる。なお、一九五頁以下をも参照。

(2)　いわゆるラント平和運動(Landfriedensbewegung)とは、「神の平和」運動を受けつぎながらドイツ国王の主導権の下に——とくに一二世紀から一三世紀にかけて——展開されたフェーデ禁圧政策であったが、ブルンナーも指摘するように、この運動の主たる受益者は国王ではなく領邦君主《ランデスヘル》であった。

(3)　この点に関しては、Gerhard Köbler, Land und Landrecht im Frühmittelalter, in: Zeitschrift der Savigny-Stiftung für Rechtsgeschichte, Bd. 86, Germ. Abt. による批判を見よ。ケーブラーは land と reht の中世初期における用法を詳細に検討した上で、「一一世紀以前には、あるラント〔土地、領域〕の客観的な法秩序としてのラント法が存在したことを立証する史料的根拠がない」、と主張している。一一世紀までは、lex は人的集団(部族)名と結びついて——lex Francorum, lex Alamannorum といったかたちで——用いられたのである。したがって、この人的集団(部族)を法共同体と認めるにしても、それをラントとしてとらえるべきではない、ということになる。山田欣吾「十—十二世紀ドイツにおける太公領の展開——領邦国家成立史への予備的考察」(『一橋論叢』五九巻三号)をも参照されたい。なお、ラントをラント法によって統一性を与えられた法共同体・平和共同体としてとらえるかぎりで、ブルンナーの所説が——多くの批判にもかかわらず——ランデスヘルシャフトの形成に関する今日の学説の前提となっていることについては、Karl Kroeschell, Deutsche Rechtsgeschichte, Bd. 1, 1972, S. 298 f. の指摘を見よ。

(4) Fritz Kern, Gottesgnadentum und Widerstandsrecht im früheren Mittelalter, 1914; Derselbe, Recht und Verfassung im Mittelalter, Historische Zeitschrift, Bd. 120, 1919. 後者の邦訳として、ケルン著・世良晃志郎訳『中世の法と国制』(一九六八)がある。

(5) Karl Kroeschell, Recht und Rechtsbegriff im 12. Jahrhundert, in: Vorträge und Forschungen, Bd. 12, 1968; Gerhard Köbler, Das Recht im frühen Mittelalter. Untersuchungen zu Herkunft und Inhalt frühmittelalterlicher Rechtsbegriffe im deutschen Sprachgebiet, 1971. 両者の紹介を含むものとして、久保正幡「中世ヨーロッパ」(『法社会学講座』(9)所収)、村上淳一「《良き旧き法》と帝国国制(一)」(『法学協会雑誌』九〇巻一〇号)、クレッシェルおよびケーブラーの見解を批判するものとして、世良晃志郎「《良き古き法》と中世的法観念」(加藤教授退官記念『法理学の諸問題』所収)、この世良論文に対する応答を含むものとして、村上淳一「ドイツにおける法の近代化の諸類型」(磯村先生還暦記念『市民法学の形成と展開(上)』所収)がある。

(6) Kroeschell, Deutsche Rechtsgeschichte, Bd. 2, 1973, S. 229 f.

(7) 中世中期における領域的支配の形成は、むろん開墾村落および新設都市においても見られた。領域的支配としてのラントの形成は、それと並行して進行したものであり、ランデスヘルは開墾事業と都市建設の推進によって領域的支配の核を創出すると同時に、より広大な領域の上にラント法共同体を形成していったのである。Kroeschell, Rodungssiedlung und Stadtgründung, in: Blätter für deutsche Landesgeschichte, Jg. 91, 1954 を見よ。なお、村上淳一「中世農民の《自由》な借地について」

(『法学協会雑誌』八二巻五号)をも参照されたい。

(8)　O. Brunner, Vom Gottesgnadentum zum monarchischen Prinzip, in: Neue Wege der Verfassungs- und Sozialgeschichte(邦訳『ヨーロッパ――その歴史と精神』二四四頁以下)。

(9)　村上淳一「《良き旧き法》と帝国国制(二)(三)」(『法学協会雑誌』九〇巻一一号、九一巻二号)。一八世紀の帝国国法論者は帝国をレーン法共同体として構成しているが、アンガーマイヤーによれば、一三世紀の帝国ラントフリーデは国王のラント法上の権力を背景として制定されたものであった。もっとも、アンガーマイヤーも、それが領域的な平和ではなく人的な平和(personaler Friede)であったことを認めている(Heinz Angermeier, Königtum und Landfriede im deutschen Spätmittelalter, 1966)。いずれにせよ、法共同体・平和共同体としての帝国は、帝国等族の自立化の進行を前提とした人的結合にほかならなかったのである。

(10)　帝国の空洞化の過程については、林健太郎編『ドイツ史(新版)』(一九七七)の第二章「神聖ローマ帝国」(平城照介氏執筆)をも参照されたい。法史の側面については、さしあたり、コーイング著・久保正幡＝村上淳一訳『近代法への歩み』(一九六九)の第二章「中世末期と近世への移行」を見よ。

(11)　帝国の裁判権についての研究は少なくないが、基本的なものとして、Rudolf Smend, Das Reichskammergericht, 1. Teil, Geschichte und Verfassung, 1911 ; Oswald von Gschließer, Der Reichshofrat. Bedeutung und Verfassung, Schicksal und Besetzung einer obersten Reichsbehörde von 1559 bis 1806, 1942 がある。帝国裁判権の機能を帝国国制全体との関連で概観するためには、K. O. Freiherr von Aretin, Heiliges Römisches Reich 1776–1806. Reichsverfassung und Staatssouveränität, Bd. 1, 1967 が役に立つ。制度的な側面の概略は、Hermann Conrad, Deutsche Rechtsgeschichte, Bd. 2, 1966 を見よ。個別研究のうち比較的新しく、文献の探索にも便利なのは Bernhard Diestelkamp, Das Reichskammergericht im Rechtsleben des 16. Jahrhunderts, in : Rechtsgeschichte als Kulturgeschichte,

Festschrift für Adalbert Erler, 1976.

(12) Friedrich Hertz, Die Rechtsprechung der höchsten Reichsgerichte im Römischen Reich und ihre politische Bedeutung, in: Mitteilungen des Instituts für österreichische Geschichtsforschung, Bd. 69, 1961.

(13) Gerhard Oestreich, Reichsverfassung und europäisches Staatensystem 1648–1789, in: Geist und Gestalt des frühmodernen Staates, 1969 を見よ。なお、Freiherr von Aretin, a. a. O. をも参照されたい。

(14) Karl Siegfried Bader, Territorialbildung und Landeshoheit, in: Blätter für deutsche Landesgeschichte, Jg. 90, 1953.

三　領邦における国家形成

法共同体としてのラントにとって、裁判の主宰者かつ軍事的指揮者としての君侯《ランデスヘル》は、本来「同等者中の第一人者」にすぎない。しかし、かれは同時に、ラントの平和を維持し、庇護《シルメン》する者として、ラントの支配者でもあった。この支配者としての資格において、かれは国土《ラント》についてのゲヴェーレ(Gewere)をもち、また国民《ラントロイテ》に対して Munt, Pflege, Vogtei 等と呼ばれる権力を行使したのである。このフォークタイは、ゲヴェーレと同様に、抽象的な法的関係ではなく、現実に行なわれることを要する具体的な支配＝保護であった。ブルンナーは、これを、一

般的な保護と特別の保護とに分けて分析している。(1)

領邦君主《ランデスヘル》が行なう一般的保護とは、ラントの法と平和の保護にほかならない。正当な実力行使を限界づける枠としてのラント平和が守られるように監視し、その意味で公共善(salus publica)を維持することが、領邦君主の重要な任務であった。国民《ラントロイテ》のなかで貴族は、領邦君主のこの一般的保護に服するだけであって、ラント法上特別の保護を受けることはない。また、市民と農民に対する領邦君主の流血罰令権《ブルートバン》、領邦君主が入手して領邦形成の手段として役立てた国王留保権《レガーリエン》(外国人、道路、護送、関税、貨幣、森林、鉱山など、国民《ラントロイテ》が直接の関係をもたない分野に属するゆえに本来部族ラントの長《ヘル》としての国王に留保されたものとして構成された諸権利)、一三世紀以降拡大された領邦君主の封主権《レーンスホーハイト》は、いずれも領邦君主の権力と密接に関係するものではあるが、なお特別の保護という範疇に属するものではない。領邦君主の特別の保護の対象となったのは、広義の直轄権域《カンマーグート》としての修道院と都市であり、さらに狭義の直轄権域としての直轄領(Urbargut)、すなわち領邦君主直属の荘園《グルントヘルシャフト》であった。ことに領邦の各地に散在する直轄領は、領邦全体に及ぶ領邦君主の権力の拠点となった。都市や修道院が城壁をめぐらしていたのと同様に、各地の直轄領には城塞が聳えており、領邦君主の行政と下級裁判権の中心となった。

このような概観から明らかなように、ラントの庇護者としての中世の領邦君主は、基本的に法に拘束されていた。君主が一般的保護の分野において実現をめざす公共善は、平和と法の維持にほかならなかった。ただ、特別の保護が行なわれる狭い分野においてのみ、比較的広範な行政活動と、君主の諸権利の拡大強化との萌芽が見られたのである。

「元首は法律から自由である」(princeps legibus solutus)というローマの法格言は中世においてもしばしば援用されたが、それは中世の君主が法への拘束を免れていたことを意味しない。一六世紀に入って主権論を確立したとされるボダン(Bodin)でさえ、国王は法律から自由であるとしながら神の法ないし自然法には拘束されると説いたのであるから、中世においてはなおのこと、君主の権力は法的拘束の下にあった。そもそもこの法格言は、一一世紀から一二世紀にかけて、教皇権の拘束を免れようとした皇帝によってしばしば援用されたものである。さらに一三世紀中葉以降、フランス王とイングランド王は、この法格言を利用して皇帝権への従属を免れるために、まずみずからが皇帝と同様の地位にあることを主張しようとし、「上位者を認めない国王《レークス》はその王国における皇帝《インペラートル》である」と説いた。このことからわかるように、「元首は法律から自由である」という法格言は、少なくとも中世においてはその時々の文脈において相対的に理解されるべきものであって、法的拘束を免れた主権的君主の観念をそこに見出すことはできない。

近世の領邦における国家建設が、右に見た特別の保護の分野からしだいに拡大されていったことは、言うまでもない。もっとも、近世の初頭、一六世紀には、直轄権域《カンマーグート》についての領邦君主の行政と並んで、租税に関する領邦諸身分、ことに土地貴族の自治的行政が展開されるという、二元主義が見られた。直轄権域(およびレガーリエン)からの収入は領邦君主の必要をみたすのに十分ではなかったから、領邦君主は領邦議会における諸身分との交渉によって租税の醸出を求めざるをえず、諸身分は承諾した租税についてこれを自治的に割り当て、徴収して、領邦君主に提供したのである。こうした租税行政以外の分野でも、領邦諸身分は、とりわけ司法、文化、教会の分野において、大きな影響力を示した。

これに対して、一七世紀中葉になると、状勢は変化する。今や、常備軍の創設と維持が焦眉の急となり、その厖大な経費を賄うために、領邦君主は、課税同意権をもつ領邦諸身分(等族)の影響力を中央から排除しようと試みる(その代償として、土地貴族には、地方的レベルで、農民の犠牲においてさまざまの権益が承認される)。いくつかの領邦においては依然として等族の課税同意権と租税行政が残存したが、常備軍を維持するために等族の自治的な租税行政が展開されたという例はない。逆に、領邦君主は、新たに創設した兵站官(Kommissarius)に兵站業務のみならず租税行政一般についての権限を与えることにより、等族の組織からその機能を奪ってゆく。領邦議会そのものも、完全に廃止されないまでもしだいにすたれてしまい、その一部が委員会として召集されるにすぎない状態となった。この委員会も、もはや領邦君主の交渉の相手方となりえたわけではなく、その統治を支持するための手段として召集されたにすぎない。もっとも、このような等族の無力化にもかかわらず、多くの地域では、身分制的租税行政は少なくとも末端のレベルにおいて、絶対主義の時代を通じて維持されていった。

　このようにして租税行政を自己の手に収めてゆくとともに、領邦君主は、この兵站官という新たなタイプの官僚によって、重商主義的な人口増殖政策、殖産興業政策を推進した。そのための理論を提供したのが、財政学者《カメラリスト》たちである。このカメラリスムスの立場からすれば、国力の集約を妨げる宗派の対立は、寛容の原理によって克服されねばならない。それゆえ、たとえば、一七世紀初頭にルター派からカルヴァン派に転じたブランデンブルク＝プロイセンの領邦君主は、非ルター派およびユダヤ人に対し不寛容の態度を示す等族とルター派領邦教会との連合に対して、闘争を挑んだのである。こうして、領邦君主とその軍隊、行政組織は、しだいに身分制的なラントから解放されていった。領邦がいくつものラントから成り立っているところ（たとえばブランデンブルク＝プロイセンとか、オーストリア世襲諸領《エルブレンダー》）では、それぞれのラントの自立性を否認し、領邦の国家的統一を達成するための努力が展開されることになる。

　ブランデンブルク＝プロイセンの場合について、領邦君主の行政機構の整備の過程をやや詳細に見ておこう(2)。ブランデンブルク＝プロイセンにおいては、ブランデンブルク選帝侯が一七世紀中葉にブランデンブルクおよび西部のクレーヴェとマルクの等族から軍税《コントリブツィオーン》賦課についての同意をかちとり、最も頑強に抵抗したプロイセンの等族をも一六六三年に屈服させるに及んで、全国家的・統一的な行政の展開が可能になった。まず、選帝侯の直轄領（およびレガーリエン）の管理のための中央官庁として、一六八九年に枢密御料庁(Geheime Hofkammer)が設置され、各地の直轄地局(Amtskammer)を統轄した。他方、一六四四年に創設された常備軍の管理のために必要とされた兵站官という官職から、一六六〇年には兵站総局(Generalkriegskommissariat)という官庁が生まれ、兵站業務のほかに軍税の賦課・徴収を担当し、さらに広く臣民一般のための重商主義的な財政・行政を展開することになった。この兵站総局と、どちらかといえば農業と結びついた枢密御料庁(一七一三年に財政総督府《ゲネラルフイナンツデイレクトリウム》となる)との対立を止揚するために、フリードリッヒ・ヴィルヘルム一世は一七二三年に両者を統合して、General-ober-finanz-krieges-und-domänen-direktorium(略して総督府《ゲネラルデイレクトリウム》)とし、ここに中央行政機構の整備は完成を見たのである。ブランデンブルクにおける選帝侯の助言機関として一六〇四年に設置された枢密院(Geheimer Rat)は、一七世紀中葉にはしばしば全国的な行政をも担当するようになっていたが、新たな行政機構の整備に伴って宗教と司法に関する事項のみを担当することになった。また、当初から枢密院ではなく特定の枢密顧問が担当した外交に関する事項は、フリードリッヒ・ヴィルヘルム一世の下で、官房庁(Kabinettsministerium)の所管となった。その他の事項はすべて、総督府が担当したわけである。これら三つの官庁の意思統一をはかるためには、すべての大臣が出席すべき枢密国務院(Geheimer Staatsrat)が機能すべきことが予定されていたが、実際にはもっぱら君主の一身において国政の統一性が担保されていたのである。それが、著名な「官房からの統治」、「官房令」(Kabinettsorder)による統治であった。

なお、地方行政についても簡単に概観しておこう。かつては自立的なラントであったブランデンブルク、クレーヴェ＝マルク、プロイセン等の各助言機関は、ブランデンブルクの枢密院が一応全国的中央官庁となったのを除けば、クレーヴェ＝マルクの枢密統治府(Geheime Landesregierung)もプロイセンの最高顧問府(Oberratsstube)も、統一国家の地方政庁として位置づけられることになる。そして、これらの政庁(Regierung)は、しだいに旧来の諸権限を奪われて、ついにはほとんど裁判所(都市裁判所と領主の家産裁判所に対する上訴審および貴族にとっての第一審)としての機能のみを留保することになるのである(なお、このほかに旧ラントの宮廷裁判所《ホーフゲリヒト》もある程度残存したのであって、ベルリーンの王室裁判所《カンマーゲリヒト》は、宮廷裁判所が再編成されたものであった。そのほかの点でも、一八世紀プロイセンの裁判所組織と審級制度は、きわめて複雑なものである)。このように、政庁《レギールング》がその名に反して行政官庁としてはほとんど機能しなかったのに対して、地方行政官庁としての機能を展開していったのは、直轄地局《アムツカンマー》と地方兵站局《クリークスコミッサリアート》、一七二三年以降は両者の合併によって形成された兵站＝直轄地局(Kriegs- und Domänenkammer)であった。この地方官庁が、良き旧きラント法によって拘束された裁判所としての政庁《レギールング》により阻害されることなく君主の指示にしたがった行政を展開することができるように、兵站＝直轄地局には一定の裁判権(行政司法《カンマーユスティーツ》)が与えられていた。

これらの地方官庁の下の市町村レベルでは、都市においては君主の官吏としての税務官(Steuerrat)が都市の財政と行政一般をきびしく指導・監督したのに対して、(直轄領を除く)農村においては、郡(Kreis)を単位とする土地貴族の自治的租税行政が維持され、また、土地貴族によって選出され君主によって任命されるという二重の性格をもったブランデンブルクの郡長《クライスディレクトア》が、プロイセン王国成立の一七〇一年以降郡長《ラントラート》として全国に置かれて、君主と土地貴族の利害の接点として調整機能を果した。

しかし、領邦における国家形成は、プロイセンの郡長制に見られるように、末端の身分制的自治組織によって限界づけられていただけではない。すでに見たように、領邦の各裁判所は、帝国の裁判権を背景としつつ依然として領邦君主とその行政を法的に制約した。行政司法《カンマーユスティーツ》でさえ、それが行政ではなく裁判であると観念されたかぎりにおいて、領邦諸身分の良き旧き権利を軽視することはできなかった。[3] さらに、領邦君主の軍隊と行政組織の幹部も、土地貴族によって占められ、補充された。それゆえ、発達した領邦絶対主義においては、たしかに領邦議会《ラントターク》は無力化され、二元的な身分制国家の構造は相当程度に克服されたけれども、諸身分はその政治的影響力を全く否定されたわけではなく、とりわけ軍隊と行政機構に組み込まれることによって、影響力を維持することになったのである。[4] むろん、諸身分は、新たな国家《シュタート》の奉仕者としての性格を強めると同時に、非国家的・私的生活の側面においてはしだいに伝統的な法共同体の担い手としての性格を弱めてゆく。今や領邦君主とその機構としての国家が、公共善(salus publica, Gemeinwohl)の実現をめざして、行政(Polizei)を展開してゆくことになる。それにもかかわらず、この公共善の主要な内容が法と平和の維持にあり、したがって行政《ポリツァイ》の主要な任務も——一六世紀の帝国行政条令(Reichspolizeiordnungen)においてそうであったように——法と平和の維持・実現に存したかぎりで、領邦君主による行政《ポリツァイ》の展開は、法共同体としての国家の観念と正面から対立するものではなかった。もっとも、一七世紀に入ると、行政《ポリツァイ》の概念は拡張されて、領邦君主の財政と行政一般(さらに、重商主義的な経済政策)を意味するようになる。法はそのような行政によってしだいに駆逐されてゆく。しかしながら、法と平和の維持・実現が行政《ポリツァイ》の一つの重要な任務であるとする観念は、一八世紀においても残存しているのであって、行政一般から区別された警察《ポリツァイ》の任務が、「公共の静穏・安全・秩序の維持のために必要な措置をとること」(プロイセン一般ラント法第二部第一七章第一〇条)にあるとされるのである。ここに見られるのは、共同体の平穏(tranquillitas)の維持こそが君主の職務であるという伝統的な観念にほかならない。それは、「静穏《ルーエ》は国民の第一の義務である」というビスマルク的思考とはなお異質なものであった。(5)

それにもかかわらず、領邦において常備軍と行政機構を備えた新たな国家《シュタート》が形成され、重商主義的財政を中心とする広範な行政が展開されたという事情は、国家論に反映せざるをえない。一六六七年に『ドイツ国制論』を公刊したプーフェンドルフ(Pufendorf)は、ドイツ帝国の国家性を否認しながらも依然として帝国を複数の国家(領邦)の連合(systema civitatum)としてとらえるには至らず、したがって帝国は怪物《モンストルム》に似たものと名づけるほかはない、とした。ヴェストファーレン条約後間もないドイツにおいては、帝国がもはや君主政国家とみなされえない反面、領邦もまた国家連合を構成する主権国家とは認められていないのである。このような事情は、一八世紀に入ってからも基本的に変化しない。それどころか、一八世紀の帝国国法論《ライヒスプブリツィスティク》は、帝国の裁判所の機能を高く評価することによってむしろ帝国の国家性を強調し、帝国を一個の(制限)君主政国家としてとらえようとした。(6) だが、他方において、領邦における国家形成の現実にかんがみ、帝国を主権国家(領邦)の国家連合として理解する傾向も、一八世紀末に出現する。とりわけ、ゲッティンゲンのシュレーツァー(Schlözer)は、その『一般国法および国制論』(7)(一七九三)において、はじめて「統治権力を欠くソキエタス・キヴィリス」(societas civilis sine imperio)としての政治社会(bürgerliche Gesellschaft)と、「統治権力を有するソキエタス・キヴィリス」(societas civilis cum imperio)としての国家社会(Statsgesellschaft)ないし国家《シュタート》を区別し、帝国はその意味での政治社会ではあるけれども、多くの点で国家《シュタート》とは呼び難いものであると述べている。こうして、理論的にも、領邦を主権国家として承認する可能性が開かれたわけである。

もっとも、シュレーツァーにおいても、国家《シュタート》はやはり(君主を有する)政治社会として理解されているのであり、主権的権力の無制約な行使が認められているわけではない。それは、かれが臣民の反抗権を少なくとも理論上承認し、そのこととの関連で、領邦権力にとっての法的制約としての帝国の裁判権を高く評価していることからも明らかであるが、そもそも、シュレーツァーが国家と政治社会を区別したもう一つの意味は、「支配者と臣民との一切の関係を、全能の君主の恩恵や、臣民の超動物的・キリスト者的忍耐からのみ説き明かすべきではない」という考えにもとづいて、国家以前の人間の諸権利、とくに政治社会を構成する家長の自由を考察することにあった。したがってシュレーツァーにおいては、領邦に政治社会としての構造を維持せしめながら、これを主権国家として承認する可能性が探られているわけである。むろん、シュレーツァーは、伝統的な政治社会の身分制的構造をそのまま容認してはいない。カントの場合と同様にシュレーツァーにおいても、政治社会の構成単位は貴族の家から家一般にまで拡大され、家における支配にもとづく家長の政治的自立性は、相当程度に財産所有者の経済的自立性と重なりあい、流動化されることになっていると思われる。それゆえ、シュレーツァーは、国家《シュタート》の領域に入って国制論を展開するさいに、君主政と貴族政と仮象民主政《シャインデモクラティー》(国民——すべての家長——の代表者たちによる統治)との混合政体を理想的なものとして推奨し、その仮象民主政の要素を実現するためには、選挙された議会(Wahlstände)のほかに、公衆《プブリクム》と呼ばれる自発的議会(freiwillige Stände)がなければならない、とする。[8] とりわけ、かれは、公衆の言論活動が展開されるためには、新聞・出版の自由の保障が不可欠である旨、力説している。

そのさい、シュレーツァーがモデルとしたのは、名誉革命後のイギリスの体制、すなわち国王と貴族院と庶民院の抑制と均衡の体系であった。この三者は、それぞれ、イギリスにおける混合政体の君主政的要素、貴族政的要素、民主政的要素として理解されたのである。ブラックストン(Blackstone)によれば、これら三つの要素の相互的抑制こそがイギリスの統治の精髄だ、とされる。[9]「立法において、庶民《ピープル》は貴族に対する抑制者であり、貴族は庶民に対する抑制者である。両者はそれぞれ、他方が決めたことを拒否する権利をもつ。これに対して国王は、この両者に対する抑制者であり、この抑制によって執行権は侵害から守られる。そして、この執行権はまた、両院によって抑制され、正当な枠内にとどめられる。けだし両院は、国王の行為そのものを調査し、弾劾し、処罰することは(憲法によって認められた国王の独立性を侵すことになるから)できないとしても、国王の邪悪にして有害な助言者の行為を調査し、弾劾し、処罰することができる(その方がむしろ公衆にとって有益である)のだから。こうして、われわれの統治を担う各部分は、たがいに支えあい、規制しあっている……。力学における三つの異なる力の合成のごとくに、これら三者の合するところ、それは、各自の本来の方向とは異なる方向に統治機構を動かすことになるのである。しかしその方向は、三者のすべての関与のもとに定まったものであり、共同体の自由と幸福に至る道筋を示すものである」。混合政体および抑制と均衡の体系の利点を強調するこのようなブラックストンの見解は、一八世紀イギリスのすべての政論家の共有財産でもあった。

もっとも、当時のイギリスにおける抑制と均衡の観念は、のちにモンテスキューが説いたように権力分立の観念、立法・行政・司法の各機能のそれぞれ別個の機関への割り当ての観念と直結したものではなかった(10)。イギリスの王権は立法に対して拒否権をもつにとどまらず、大臣を通じて議会を強力に指導したのであり、また、庶民院は、大臣の任命にさいしてしだいに影響力を強めていった。そのほか、貴族院が立法機関としてのみならず最高裁判所としても機能したこと、さらに地方自治のレベルで治安判事が行政・司法の各機能を果したことは、いずれも権力分立の観念と抵触するものであるが、何よりも重要なのは、やはり、名誉革命後のイギリスにおいて「絶対的でいかなる制約にも服さない」（ブラックストン）ものとなった議会そのものが抑制と均衡の体系として構成された、という事実である。むろん、そのさい、王権と両院から成る議会とが身分制国家の図式によって二元的にとらえられた、ということではもはやない。「議会のなかの国王」（King in Parliament）という定式が示すように、国王はすでに議会の構成要素であり、議会における支持者（King's Servants, King's Friends）を通じて両院に強い影響力を及ぼし、立法権と執行権の協力を促進した。一八世紀イギリスにおける抑制と均衡の体系は、まさに身分制国家的二元主義の克服の上に、いわば法共同体の再構成（コモン・ローの支配から、国王をも含めた議会の支配へ）として形成されたものだったのである。これに対して二元主義がなお維持されていた大陸において、同時代のイギリスの抑制と均衡の体系が権力分立、とりわけ立法権（議会）と執行権（君主）の分立として理解されたことには、理由がないわけではない。モンテスキューの強い影響を受けたドイツにおいても、[11]モンテスキューの所説のうち最も強い支持を見出したのは中間権力によって制限された君主政という観念、すなわち君主と等族との二元的権力構造に関する部分であった。シュレーツァーも、むろんそのような二元主義的伝統から自由でありえたわけではない。それにもかかわらず、シュレーツァーの混合政体論は、とくに「自発的議会」の必要の強調によって、少なくとも二元的権力構造の一方を流動化させる可能性、さらにイギリスをモデルとした全面的再編成の可能性を示唆するものであったということができる。シュレーツァーによれば、ドイツの現状は決して革命を必要とするようなものではない。ドイツのいかなる君主も会計報告なしに国民から租税を取り立てようとはせず、議会《シュテンデ》なしに統治しようとはしない。しかも、その議員の大部分は国民から選出されており、議会の審議は公開でなされている。君主は道徳と宗教に拘束されており、人身保護令(Habeas-Corpus-Akte)が人身の安全を守っている。したがって「ドイツにおいては、ドイツ人の思慮分別とますます進行する真の啓蒙とを心から信頼して、そして、必要とあらば、現代の啓蒙とともに明らかに進歩しつつある帝国の両裁判所をも頼りにして、なされるべきすべてのことが、革命なしに、穏かな改革によって、遅かれ早かれ実現を見ることが期待されるのである」[12]。

このようなシュレーツァーの例からも明らかなように、一八世紀末から一九世紀初頭のドイツには、帝国との関係でも特権保有者としての領邦諸身分との関係でも領邦の主権国家としての性格を明確にしながら、その国家《シュタート》をなお抽象的な法人格ないし機構《アンシュタルト》としてはとらえず、裾野を拡大した政治社会ないし法共同体として構想しようとする有力な流れがあった。フィーアハウス(Vierhaus)の指摘[13]によれば、一八世紀の末には、ラントシュテンデがラント全体――領主的・身分制的土地所有とそれに関連する諸権利の意味でのラントではなく、直轄領とその住民をも含む政治的領域《テリトリウム》としてのラントの全体――を代表すると観念されるに至っていた。その意味での代表は、必ずしもつねに選挙による正当化を要するとされたわけではないが、その反面、もはや特権保有者の閉鎖的な組織ではなく、すべての者の権利を擁護し、すべての者の福祉を増進すべきものと考えられていた、とされる。むろん、そのような当為と、特権諸身分の現実との間にあった落差を過小評価することはできないが、こうした観念がイギリスをモデルとした議会制的君主政(parlamentarische Monarchie)の構想へと展開されることは自然であった。しかし、ドイツの各領邦にはそのための諸条件をみたす内在的発展——特権諸身分を平準化する君主権力と、ラント全体の代表者としてのラントシュテンデとの妥協・協調による政治社会ないし法共同体の再編成——が欠けており、行政《ポリツァイ》の対抗物としてのラントが帝国国制に支えられて伝統的な政治社会ないし法共同体の残余物たる性格を示すにとどまった。それゆえ、一九世紀初頭の帝国の崩壊とともに、政治社会の再編成の途はとざされる。ドイツの諸領邦においては、政治から解放された経済社会としての市民社会、「欲望の体系」(ヘーゲル)としての市民社会が、政治的なるものを一手に掌握した一個の機構ないし法人格としての国家に対置されるという、二元的図式が見られるようになるのである。

(1) 以下の本文の叙述も、O. Brunner, Land und Herrschaft, S. 357 ff. による。

(2) ブランデンブルク＝プロイセンについては、一九世紀ドイツ史学がプロイセン中心主義ともいうべき特徴を有し、行政機構の整備を以て近代化の標識としたために、行政史的観点からする研究がきわめて多い。基本的なものとして、Adolf Stölzel, Brandenburg-Preußens Rechtsverwaltung und Rechtsverfassung, 2 Bde., 1888; Conrad Bornhak, Preußische Staats- und Rechtsgeschichte, 1903; Gustav Schmoller, Preußische Verfassungs- Verwaltungs- und Finanzgeschichte, 1921 などがあり、歴史的発展の要約的概観として、Otto Hintze, Der preußische Militär- und Beamtenstaat im 18. Jahr-

hundert, in: Absolutismus (hrsg. von Walter Hubatsch); Fritz Hartung, Studien zur Geschichte der preußischen Verwaltung, in: Staatsbildende Kräfte der Neuzeit, 1961 などがある。邦語文献としては、上山安敏『ドイツ官僚制成立論』(一九六四)を挙げておく。

これらの研究によって明らかにされた行政史的側面は、現在のドイツの概説的叙述においてもほぼそのまま維持されており、本文の概観もこれにしたがっている。しかし、整備された行政機構の——とくに身分制社会との対抗関係における——現実の機能に注目するならば、伝統的な絶対主義像はかなりの変容を受けざるをえない。研究史の概観の上に、「近代的な行政国家と伝統的な身分制社会とが、政治的志向において鋭く対抗しつつも、現実にはさまざまな形で妥協し、それどころかしばしば構造的に癒着してさえいた」ことを、本来絶対主義的な Kommissarius 型官僚について論証したものとして、成瀬治「プロイセン絶対王政成立期における官僚制の性格——Rekrutenkasse の問題を中心に」(柴田三千雄＝成瀬治編『近代史における政治と思想』所収)は重要である。なお、阪口修平「プロイセン絶対王政と身分制」(『中央大学文学部紀要』八八号)をも参照されたい。

(3)　D. G. Strube, Gründlicher Unterricht von Regierungs- und Justizsachen, worinnen untersuchet wird: welche Geschäffte ihrer Natur und Eigenschafft nach vor die Regierungs- oder Justiz-Sachen gehören?, 1733, S. 170 f. シュトルーベは、たとえばプロイセンでは兵站＝直轄地局がある種の裁判権を有していること、類似の例はその他の領邦にも見られることを認めながら、それらの官庁が「係争事件について決定を下すかぎり、裁判官としての地位に立つのであり、それゆえ真の裁判所にほかならないのであって、裁判手続と証拠により、法にしたがって決定する」ものであることを力説し、したがってそれらの官庁の行なった裁判については帝国裁判所への上訴が可能である、とした。なお、Wolfgang Rüfner, Verwaltungsrechtsschutz in Preußen von 1749 bis 1842, 1962 および、村上淳一「《良き旧き法》と帝国国制(三)」を見よ。

(4) この点については、とくに、Rudolf Vierhaus, Ständewesen und Staatsverwaltung in Deutschland im späten 18. Jahrhundert, in: Dauer und Wandel der Geschichte. Festgabe für Kurt von Raumer, 1966 を参照。

(5) Wilhelm Hennis, Zum Problem der deutschen Staatsanschauung, in: Vierteljahrshefte für Zeitgeschichte, Jg. 7 Heft 1, 1959.

(6) たとえば、Johann Stephan Pütter, Beyträge zum teutschen Staats- und Fürstenrechte, Bd. 1, 1777 は、国家を単純国家(einfacher Staatskörper)と複合国家(zusammengesetzter Staatskörper)とに区別し、後者のなかで、たとえばイギリスとハノーファーのごとき同君連合、オランダ(七州)やスイス(一三州)のごとき国家連合には国家性を認めることはできないが、上位の共通権力に服する諸国家によって構成される複合国家には国家性が認められるとした上、ドイツ帝国はその意味で一個の国家といえるものであることを論証している。ピュッターは、帝国の国家性を強調することによって、とりわけ帝国等族の絶対主義的支配の確立を阻止しようとしたのである。ピュッターの帝国国法論についての邦語文献として、栗城壽夫「十八世紀ドイツ国法理論における二元主義的傾向㈣」(『法学雑誌』一二巻四号)、ドイツにおける最近の研究として、Wilhelm Ebel, Der Göttinger Professor Johann Stephan Pütter aus Iserlohn, 1975 がある。なお、ピュッターとシュレーツァーを対比しつつ論ずるものとして、村上淳一「国家の概念史における帝国と領邦」(吉岡昭彦＝成瀬治編『近代国家形成の諸問題』所収)をも参照されたい。

(7) August Ludwig Schlözer, Allgemeines StatsRecht und StatsVerfassungsLere, Voran: Einteilung in alle StatsWissenschaften, Encyklopädie derselben, Metapolitik, 1793. なお、シュレーツァーについても、栗城壽夫「十八世紀ドイツ国法理論における二元主義的傾向㈥」(『法学雑誌』一四巻一号)を見よ。

(8)　公衆《プブリクム》ないし世論(öffentliche Meinung)の観念については、Jürgen Habermas, Strukturwandel der Öffentlichkeit. Untersuchung zu einer Kategorie der bürgerlichen Gesellschaft, 1962 を見よ。その紹介として、村上淳一「ハーバーマス《公共の構造変化》」(『法学協会雑誌』八四巻四号)、邦訳として、細谷貞夫訳『公共性の構造転換』がある。

(9)　William Blackstone, Commentaries on the laws of England, vol. 1, 1765, pp. 150–151.

(10)　一八世紀イギリスの抑制と均衡の体系についての本文の叙述は、Gerhard A. Ritter, Das britische Parlament im 18. Jahrhundert, in: Ständische Vertretungen in Europa im 17. und 18. Jahrhundert (hrsg. von Dietrich Gerhard), 1969 による。かつての絶対主義研究が絶対主義国家を、「レーン制的権力秩序がモナルヒッシュな官僚制的統治機構によって終局的に克服された状態という意味で、《中世国家》と尖鋭に対置」したのに対して、最近のドイツ史学が近世ドイツの国制における身分制の機能を再発見し、国際的な比較において身分制研究を展開しつつあることは、わが国において同様の視角から近世史の再構成を企図される成瀬治氏によって指摘されているとおりだが(成瀬治「"Landständische Verfassung" 考——身分制の歴史理論的把握のために(上)」『北大文学部紀要』一三巻一号)、リッターの論文はそのような問題意識の下に、ネイミア(Namier, The Structure of Politics at the Accession of George III, 1929)以降のイギリス史研究の成果を参照しつつまとめられたものである。

(11)　シュレーツァーを含めたドイツの政論家に対するモンテスキューの多面的な影響を論じたものとして、Rudolf Vierhaus, Montesquieu in Deutschland. Zur Geschichte seiner Wirkung als politischer Schriftsteller im 18. Jahrhundert, in: Collegium Philosophicum. Joachim Ritter zum 60. Geburtstag, 1965 がある。フィーアハウスによれば、モンテスキューの権力分立論自体はドイツでは必ずしも歓迎されなかった。ドイツで圧倒的な支持を得たのは、かれの制限君主政論——中間権力(pouvoirs intermédiaires)による君主権力の制限——であった。

(12) Leo Just, Stufen und Formen des Absolutismus, in: Absolutismus (hrsg. von Walther Hubatsch), 1973 はいう。「ドイツの教養市民層と君主の官僚たちの全体をとらえた啓蒙主義によって、フランスにおいて下からの革命として実現されたことが、帝国においては平和裡に、上から達成されうる、という希望をもつことができた。アウグスト・ルートヴィッヒ・シュレーツァーのような——ドイツの諸国におけるあらゆる専制主義的動きをとらえて自分の主宰する『国家評論』誌でこれを大胆に断罪した——きわめて批判精神に富む政論家でさえ、《ドイツにおけるより以上に陶冶(kultivieren)された主権者は他の何処にいるだろうか。〔ドイツでは〕啓蒙はフランスと同様に下から盛り上がってゆくが、それは、上の方でも展開されている啓蒙と出合うことになるのである》と述べている」。

(13) Rudolf Vierhaus, Land, Staat und Reich in der politischen Vorstellungswelt deutscher Landstände im 18. Jahrhundert, in: Historische Zeitschrift, Bd. 223, 1976.

四　近代国家概念の成立

共同体の公共善《サルス・プブリカ》の実現を目的として掲げる旧ヨーロッパの政治社会＝国家論は、イギリス(およびアメリカ)においては近代的な政治理論へと発展していった。旧ヨーロッパ的・目的論《テレオローギッ》的《シュ》な政治社会論に対するマキアヴェリの批判を受けつぎ、発展させたのがイギリス人ホッブスであったにもかかわらず、イギリスの近代政治理論を方向づけたのは、旧ヨーロッパの政治社会＝国家論をホッブスの批判によって再編したロックの『統治論』であった。そして、アメリカの独立宣言と諸憲法もまた、旧ヨーロッパ的政治社会の伝統との連続面を示しているのである。

ヘニス(Hennis)は、アメリカの独立宣言と諸憲法における旧ヨーロッパ的伝統との連続面を、次のように指摘している。[1] 周知のように、独立宣言は、人間が生命と自由についての生まれながらの権利をもつだけでなく、幸福追求についても同様の権利をもつことを明らかにしているが、この幸福追求の権利は、単に個人主義的・利己的な利益追求をめざしたものとして理解されてはならない。それは、各人の完全で幸福な生活、至福《フェリシタス》の生活を可能にするという、旧ヨーロッパの政治哲学の中心的な課題を受けついだものであった。それればかりではない。英米における人権が、政治的に全能な国家権力に対抗して個人が主張しうるものとしてとらえられているわけではなく、国家権力そのものが個人の自由との調和において把握されていることも、旧ヨーロッパ的伝統の表現と見ることができる。さらに、アメリカ憲法における統治《ガヴァメント》の制度化の態様、すなわち抑制と均衡、法の支配、連邦制、司法審査権等々のシステムも、憲法制定者たちが、そのような方法によって結合の目的を最もよく達成できると信じたことにより採用されたものであり、また、権力の行使を人民の合意に拘束しようとする志向も、その拘束を国家的結合の目的の実現のために必要であると見る立場によって基礎づけられたものであった。ここでは、憲法というものは、共同体の目的を実現するための道具として理解されているのである。

これに対して、公共善の観念がしだいに伝統的な法共同体との関連を弱め、君主の重商主義的財政・行政を正当化するために援用されることになったヨーロッパ大陸においては、国家の目的論《テレオロギー》に対する批判が展開されることになる。伝統的な政治社会=国家論においては、公共善という目的《テロス》を実現するための徳の涵養が重視され、君主政、貴族政、民主政の三政体のうちいずれが徳ある生活を可能にするものであるかについて倦むことなく論じられたのであるが、今やそのような国家論が批判の対象となるのである。『法の精神』において君主政の原理を名誉に、貴族政の原理を中庸に求めたモンテスキューは、民主政の原理として徳を挙げているが(2)、この場合、徳とはもはや共同体の目的《テロス》に向けられた自己陶冶を意味するものではなく、民主政の行なわれる国家への愛、すなわち平等への愛であり、したがって、政治社会=国家が機能しうるための原因《カウサ》としての徳にほかならない。さらにルソーにおいても、徳は所与の目的から人間に――その個性の如何にかかわらず――課せられるものではなく、個々の人間の感覚的体験から生み出されるものとしてとらえられる。そして、クリスティアン・ヴォルフによって再構成されたアリストテレス=スコラ的目的論が一八世紀の後半まで維持されたドイツにおいても、カントによる目的論批判が展開されることになった。すなわちカントにおいては、公共善を政治社会=国家の目的として掲げる旧ヨーロッパ的実践哲学の伝統はきびしく批判される。幸福という経験的な目的についての人間(現象人)の表象は、すべての行為の先験的規定要因としての自由の法則を探究すべき実践哲学の外に括り出される。したがって、政治社会＝国家は、いかなる経験的目的をも顧慮することなしに把握されるべきものとなる。カントは立法権・執行権・司法権の三要素の区別と調和に国家の至福《ハイル》(salus reipublicae)を見出し、国家の至福こそが最高の法律であるとしながらも、それが国民の福祉《ヴォール》ないし幸福《グリュックゼーリッヒカイト》として理解されてはならないことを強調するのである。けだし、国民の福祉ないし幸福は、(ルソーも主張するように)自然状態において、また専制的な政府の下においてさえ、より良く実現されるかもしれないのだから。[3]

それにもかかわらず、カントにおいては、国家は依然として、各人の私権を普遍的な法律の下で相互に保障するという目的のために人間が締結した契約によって、政治社会として構成されるのである。そのさい、契約を締結する人間が経験的存在ではなく理性的存在としての本体人(homo noumenon)であり、したがって契約の目的がやはりア・プリオリにとらえられるとしても、他方において契約当事者の「公民的自立性」、したがってまた家長としての自立性という旧ヨーロッパ的実践哲学の経験的要素が、カントの先験的実践哲学に導入されざるをえなかったことは、すでに見たとおりである。[4]この限界を乗り越えてさらに一歩を進めたのが、フィヒテ、およびとくにヘーゲルであった。

フィヒテの国家論の特徴は、カントやシュレーツァーにおいてすでに貴族の家から家一般にまで拡張されていた政治社会ないし国家の構成要素を、個人にまで解体したことに求められる。(5)そのさいフィヒテは、むろん伝統的な国家の目的論《テレオロギー》を拒否する。(6)「国家のなかに生きることは、人間の絶対的な目的には属さない」とされ、国家のなかでの生活は完全な社会《ゲゼルシャフト》を基礎づけるための、一定の条件の下でのみ可能な一つの手段にすぎない、と説かれる。各個人の自由が調和的に実現される社会《ゲゼルシャフト》を達成するための一つの手段として、公民契約(staatsbürgerlicher Vertrag)により国家を形成することの意義は認められるが、国家が社会にとっての一つの手段にすぎない以上、公民契約の廃棄・変更は可能である、ということになる。こうしてフィヒテは、バークとレーベルクの批判に対しフランス革命を擁護するのである。そればかりでなく、フィヒテにおいては、政治社会＝国家への参加の要件としての自立的な家の観念はもはや見られない。公民契約の当事者となるのは家長ではなく個人であり、国家の下には直接個人とその家族《ファミーリエ》が位置づけられる。家《ハウス》は、一個の容器《ゲホイゼ》、肉体の代替物として、その内部に存在する物についての所有権の、国家権力に対する不可侵性を基礎づけるものにすぎない。むろん、そのかぎりで、支配と保護の単位としての家の自立性に由来する家の平和《ハウスフリーデ》の観念が残存していると見ることは、可能である。しかし、公民契約を結ぶためには、もはや自権者である必要はなく、「感覚の世界において自由な行為をする権利」としての所有権《アイゲントゥム》だけが要求されるのである。それは、ルソーやカントにおいて依然として前提された、社会契約以前の――そして社会契約によって保護されるべき——所有権ではない。フィヒテによれば、「何人も公民契約にさいして何かを持参して供与することはありえない。誰でも、この契約以前には何ももっていないからである」。所有権はもはや物の所有権ではなく、人格の自由な活動にほかならない。公民契約にさいしては、物に関する人格の自由な活動の総体としての所有権だけが、当事者たる資格を基礎づけるわけである。そのことは、労働が公民契約の要件として承認されたことを意味する。ロックにおいては依然として、労働そのものではなく労働によって正当化された所有権が政治社会の形成に先行したのに対して、フィヒテにあっては、労働力が所有権として、同時に公民たる資格とみなされるに至る。

こうして、フィヒテは、政治社会＝国家論の展開をその極限にまでおし進めたということができる。しかし、それは、政治社会＝国家論の重大な危機を招くことにもなった。政治社会＝国家の構成者の資格として自権者（家長）たる要件が否定されたことにより、政治社会＝国家を手段として位置づける社会《ゲゼルシャフト》は経済社会としての市民社会に接近する。今や、非政治的なるもの（市民社会）による政治的なるもの（国家）の基礎づけの可能性が、問われることになる。ヘーゲルが取り組んだのは、この問題であった。

ヘーゲルは、すべての「封建的」特権を廃棄したフランス革命のもたらしたものが、「欲望の体系」としての市民社会《ビュルガーリッヒエ・ゲゼルシャフト》であること、この市民社会を基礎づけるものが労働にほかならないことを洞察した。

この洞察に到達するまでのヘーゲルの思想展開を、マンフレート・リーデルとユルゲン・ハーバーマスの研究[7]によりながら概観しておこう。

上記のように、ヘーゲルは一八〇〇年から二年にかけて執筆した『ドイツ国制論』において、国家を法共同体と見る伝統的な国家論を離れて、法共同体としてのドイツ帝国はもはや国家ではないと明言した。しかし、その当時のヘーゲルは、実はまだ政治社会＝国家論の伝統、旧ヨーロッパ的実践哲学そのものを批判する立場になかった。逆に、ヘーゲルは、一八〇二―三年の『自然法論文』において、近世自然法論およびカント－フィヒテの観念論哲学による自然の剝奪《プリヴァツィオーン》(自然の倫理性の否定)を批判した。当時のヘーゲルによれば、個人はそれ自体としては無《ニヒツ》であって、ただ法共同体《ポリス》(国家)の自然的・絶対的な倫理性と一体化することによって倫理的な存在たりうるにすぎぬものとされた。しかも、そのような可能性さえ、ポリス的倫理性の本来のあり方にしたがって、自由人身分にのみ開かれている、とされたのである。しかし、早くもイェーナ大学における一八〇三―四年の講義において、ヘーゲルは、「相互的承認」を求める闘争が所与のポリス的倫理性への媒介の機能を果すと説くことにより、右の自由人身分への限定を克服し、さらにイェーナの一八〇五―六年の講義においては、相互的承認をめざす運動が倫理性一般すなわち法を生み出す、とされるようになる。この相互的承認は自由人相互の間で行なわれる実践《プラクシス》に限定されず、非自由人の製作《ポイエーシス》すなわち労働によって媒介されたものでもありうる(労働によって主体は客体に、意識は物に、自己を外化《エントオイセルン》するが、まさに労働の対象となった物、外化された主体としての物において、「承認されていること」、「普遍意思」の契機が、「価値」として現れ、社会的関係を媒介する)。こうして、実践《プラクシス》の学、すなわち所与の法共同体＝国家《ポリス》における倫理的な支配の学としての旧ヨーロッパ的実践哲学の限界は克服され、法と国家《シュタート》が自由意思によって措定され貫徹されたものとして論じられることになるのである。

しかし、このような実践《プラクシス》と製作《ポイエーシス》の統一には、問題がなかったわけではない。ハーバーマスは、「他者における自己認識」の弁証法が原理的に平等な者の相互行為においてのみ成立するものであり、精神と自然との間には成立しえないものであることを指摘する。ハーバーマスによれば、ヘーゲルはそれゆえ『エンチュクロペディ』(一八一七)と『法哲学』(一八二一)においてイェーナ時代の構想を放棄し、製作《ポイエーシス》＝労働の領域としての市民社会を「欲望の体系」ないし「倫理性の崩壊の形態」としてとらえて、その法秩序は市民社会の外部から、精神の自己反省(実践《プラクシス》)の領域としての国家によって与えられる、と見ることになった、とされる。ヘーゲルのイェーナ時代の構想と『エンチュクロペディ』ないし『法哲学』のそれとの間に、ハーバーマスの指摘するような意味での変化を認めることができるか否かはさておき、イェーナ時代のヘーゲルがポリス的倫理性への限定を克服することにより倫理的な政治社会を――フィヒテと同様に――極限まで拡大しようと試みたのに対して、後期のヘーゲル、ことに『法哲学』が脱倫理的・経済的な市民社会と倫理的・政治的な国家とを明確に対置していることとは、重要な変化といえよう。この間に、ドイツ帝国の崩壊の結果領邦レベルにおける政治社会の再編成の可能性が消滅したことは、右の変化の背景として無視できない事情であると思われる。

「欲望の体系」としての市民社会に対置される国家[8]は、もはやさまざまの人間から成る共同体として、契約によって基礎づけられるものではない。国家の「概念」は、個人の意思に先行し、個人の意思を規定する客観的意思たることに存する。「即自的かつ対自的に理性的なるもの」としての国家においてはいかなる自然も権利を主張しえず、自由がその最高の権利を得るのであるが、この自己目的としての国家は個人に対して最高の権利をもつものであるから、国家の成員たることは個人の最高の義務にほかならない、とされる。ルソーやカントが国家の目的論《テレオロギー》を批判しながら、個人の意思にもとづいて国家を構成することによりなお政治社会＝国家論の伝統のなかにとどまり、フィヒテもまた公民契約の構成によって政治社会＝国家の観念を維持したのに対して、ヘーゲルは、社会と国家の等置の伝統を完全に清算したわけである。

こうして、国家がもはや目的論的《テレオローギッシュ》に、公共善によって正当化されえないものとなった以上、君主政、貴族政、民主政の公共善にとっての利害得失を中心に展開された伝統的な政治学は意義を失わざるをえない。他方で、歴史との関連において伝統的な政治社会＝国家論が示した態度、すなわちつねに先行する諸理論に立ち返って徳ある生活のあり方を問う態度も、棄て去られる。「国家の理念は、個々の国家にとっての類《ガットウング》、ないし絶対的な力としての普遍的理念であり、世界史の過程のなかで現実性を示す精神である」。国家はもはや固定的・超歴史的な自然モデルによってとらえられるものではなく、歴史に服するものであって、歴史の下では国家そのものが偶然性の手にゆだねられることになる。そのことは、国家が実定的・可変的な制度としてとらえられることを意味する。むろんヘーゲルは、あるべき国家を人為的に形成する可能性を完全には認めようとしない。とくに、ジャコバンの恐怖政治に示された、「一切の既存の社会秩序を粉砕しようとする狂信」としての「否定的な意思」は、きびしく拒否される。しかし、もろもろの特権の体系としての既存の社会秩序に固執する態度も、ヘーゲルによって徹底的に批判されるのである。[9]「国家を立憲君主政へとつくりあげたことは近代世界の業績である」とするヘーゲルの評価も、したがって、立憲君主政国家をあるべき国家として固定化しようとするものではない。立憲君主政もまたヘーゲルにとっては、世界史によって――つまり、人間の理性によって――生み出された一つの実定的な制度にほかならなかった。[10]そのことは、たとえばヘーゲル学派の国法学者シュタール(F. J. Stahl)においても同様である。君主政原理の代表的理論家シュタールは、かれの『法哲学』[11]において契約による国家の基礎づけを否定し、国家が「神的な制度」であることを強調するが、そのさい、君主政という特定の統治形態が「神的な制度」として正当化されるわけではない。シュタールの場合も、少なくとも理論的には、実定的な制度としての国家一般が神聖なものとして擁護されているにすぎない。

それにもかかわらず、このような実証主義的国家観は、それ自体、国家と政治社会との同一性の解消、法共同体としての国家の解体という、一つの歴史的状況の所産なのである。そして、一九世紀ドイツの立憲君主政が同様の歴史的状況の所産と認められるかぎりで、立憲君主政と実証主義的国家観との間には対応関係があったということができるであろう。立憲君主政(konstitutionelle Monarchie)を基礎づける君主政原理(monarchisches Prinzip)においては、君主はもはや共同体《ゲマインヴェーゼン》の法によって拘束されることはなく、「国家権力のすべての権利を一身に統合する」(一八一八年のバイエルン憲法)。立憲主義が採用され、君主の権力の行使が憲法上制約される場合にも、それは君主の自己制限にほかならず、君主は理論的にはいつでもこの自己制限を撤回できるものとされた。このように、君主の権力ないし国家権力を法的拘束から解放することによって、君主政原理は実証主義的国家観と表裏一体の関係に立ったのである。(12)

もっとも、実際には、政治社会の伝統は一朝にして消滅したわけではない。ヘーゲルの場合も、「倫理性の崩壊の形態」としての市民社会の内部で展開される行政《ポリツァイ》と職業団体《コルポラツィオーン》の活動に、倫理性を媒介する機能が期待される。さらに、実体的身分(農業)、形式的身分(商工業)、普遍的身分(官吏等)に三分されて市民社会の職業身分としてとらえ直された身分制的要素も、家族とともに国家の倫理性を支えるべきものとされる。身分制的要素はまた、議会《シュテンデ》として国家機構中に位置づけられることにより、市民社会を国家へと媒介すべきものとされるのである。このようなヘーゲルの構想が一九世紀ドイツの社会的現実に対応するものであったことはいうまでもない。議会について見れば、それは立憲君主政の下において、とくに課税同意権と予算審議権により君主の権力を実際に制約した。しかし、他方において、立憲君主政における議会の活動が、原則として市民社会における私的自治(Privatautonomie)の確保をめぐって展開されるにとどまり、政府を形成して能動的に国政を担当するところまで及びえなかったという事実にも、留意しなければならない。国家を市民社会によって――または、市民社会を構成する個人によって――基礎づけることには、それゆえ、限界があった。だからこそ、可変的・実定的な国家は、ヘーゲルにあっては「客観精神」として、シュタールにあっては「神的な制度」として、公共善との関連なしに、そしてまた契約的構成によらずに、正当化されざるをえなかったのである。一九世紀後半に入って確立した近代ドイツ国法学が、国家を「最高の法人格」(ゲルバー)としてとらえた所以も、またここにあったといえよう。[13] むろん、一九世紀の後半以降のドイツにおいても、社会国家的発想の下に国家の目的としての公共の福祉(gemeine Wohlfahrt)が強調されたことは稀ではないが、多くの場合それはもはや自律的な法共同体の公共善ではなく、社会の保存のために国家によって課せられる制約を正当化するイデオロギーを意味した。

(1) Wilhelm Hennis, Zum Problem der deutschen Staatsanschauung. むろん、ヘニスも、公共善という目的の具体的な内容が不変であったと説くわけではない。

(2) Montesquieu, De l'Esprit des lois, Livre III. モンテスキューにおける徳(vertu)の観念についての本文の叙述は、ヘニスによる。

(3) Kant, Metaphysik der Sitten, Rechtslehre, 2. Teil, Das öffentliche Recht, § 49. ただし、カントも、

幸福(自己の状態についての満足)の追求が人間の本性に伴うものであることは認めている。しかし、それゆえにこそ、自己の幸福は、同時に義務でもあるような目的ではない、とされる。自己の目的として実現をめざすのが義務であるような幸福とは、他の人々の幸福なのであり、他の人々の(許された)目的はこうして私自身の目的ともなる、と説かれるのである(Kant, a. a. O., Tugendlehre, Einleitung. V. B)。なお、カントにおける普遍的幸福の観念、普遍的目的の観念について、森永毅彦「カントにおける自由意識の特質(二)」(『学習院大学法学部研究年報』九号)を見よ。

(4) なお、一般に一八世紀末の啓蒙主義的国家論が、君主権力に対する身分制的制約に反対しながらも、土地を所有する家長によって選出された「国民の代議員」(Abgeordnete des Volkes)が国家諸機関の活動を監督すべきものとしたことについて、R. Vierhaus, Montesquieu in Deutschland の指摘がある。

(5) フィヒテについては、とりわけ、M. Riedel, Artikel "Gesellschaft, bürgerliche", in: Geschichtl. Grundbegriffe, Bd. 2; Derselbe, Fichtes zweideutige Umkehr der naturrechtlichen Begriffsbildung, in: Zeitschrift für philosophische Forschung, Bd. 31, 1977 を見よ。本文の叙述も、これに負うところが大きい。ただし、フランスの人権宣言において人と公民とが区別され、政治社会がなお公民(自権者)の社会として構想されたこと(一二一頁以下)、それに対してフィヒテが自権者の要件の捨象によって政治社会論に大きな転換をもたらしたことについては、リーデルの叙述はやや補足を要すると思われる。

(6) 以下の本文において紹介するフィヒテの政治社会=国家論は、J. G. Fichte, Grundlage des Naturrechts nach Principien der Wissenschaftslehre, 1796 による。

(7) リーデルのヘーゲル研究としては、とりわけ、一一頁註(2)に掲げた諸論文を参照。紹介として、村上淳一「リーデル《ヘーゲル法哲学研究》」(『法学協会雑誌』八七巻九・一〇号)。ハーバーマスの見解を示すものとして利用したのは、Jürgen Habermas, Arbeit und Interaktion. Bemerkungen zu Hegels Jenenser »Philosophie des Geistes«, in: Technik und Wissenschaft als »Ideologie«, 1969.

(8) Hegel, Grundlinien der Philosophie des Rechts, 1821, § 257 ff. 邦訳の1つとして藤野渉＝赤沢正敏訳『法の哲学』。

(9) Hegel, Beurteilung der im Druck erschienenen Verhandlungen in der Versammlung der Landstände des Königreichs Württemberg im Jahre 1815 und 1816, Werke(Suhrkamp) Bd. 4, S. 462 ff. は、ヴュルテンベルクの等族の「旧き法」に依拠する闘争を批判して、次のように述べている。「旧き法ないし国制といわれるものが正しいか否かは、旧さによってきまるのではない。人身御供の廃止、奴隷制の廃止、その他厭うべき制度の廃止は、つねに何らかの旧き法(権利)の廃止であった」。ヘーゲルによれば、フランス革命にもかかわらず依然として旧き特権に固執する等族は、「世界史のなかでおそらく最も豊かな時期」にほかならぬ二五年間を眠りすごしてしまったのである。なお、村上淳一「ドイツ《市民社会》の成立」(『法学協会雑誌』八六巻八号)をも参照されたい。

(10) ヘーゲルの『法哲学』は、その序文でヘーゲル自身がいうように、国家論に関しては「国家をそれ自身において理性的なものとして把握し、あらわそうとする試み」にほかならないのであって、「理性的なものは現実的であり、現実的なものは理性的である」という著名な一句も、その意味で理解されるべきものである。ヘーゲルの強調するように『法哲学』の国家論は本来「あるべき国家を構想しようとするものではない」のであり、したがってまた、たとえば現実のプロイセン国家を全面的に「あるべき国家」として正当化するために執筆されたのでもない。それは、「倫理的な自然」が否定されたのちに、「国家という倫理的宇宙がいかに認識されるべきかを国家に教えることをめざしている」のである。

(11) Friedrich Julius Stahl, Die Philosophie des Rechts, Bd. 2, 2. Abt., Die Staatslehre und die Princi-

pien des Staatsrechts, 1837. シュタールについては、碧海純一＝伊藤正己＝村上淳一編『法学史』(一九七六)一五五頁以下を参照されたい。

(12) この点に関しては、Otto Brunner, Vom Gottesgnadentum zum monarchischen Prinzip, in: Neue Wege der Verfassungs- und Sozialgeschichte(邦訳『ヨーロッパ——その歴史と精神』二四四頁以下)のほか、とくに、Ernst-Wolfgang Böckenförde, Der Verfassungstyp der deutschen konstitutionellen Monarchie im 19. Jahrhundert, in: Moderne deutsche Verfassungsgeschichte(hrsg. von E.-W. Böckenförde), 1972 を参照。なお、実証主義(Positivismus)ないし法の実定化(Positivierung)については、とりわけ、Niklas Luhmann, Positives Recht und Ideologie, in: Soziologische Aufklärung, Bd. 1, 1972; Derselbe, Rechtssoziologie, 2 Bde., 1972 を見よ。後者の邦訳として、村上淳一＝六本佳平訳『法社会学』(一九七七)がある。

(13) 碧海＝伊藤＝村上編『法学史』一五八頁以下参照。

第二章　既得権・所有権・人権

一　「良き旧き権利」と既得権

中世中期以降のドイツの政治社会＝ラント法共同体は、最終的にはもろもろの自立的権力の実力によって担保された、良き旧き権利の体系としての性格をもっていた。それは、一個の法共同体、平和共同体である以上、無制約の実力行使を容認することはできない。許された限度を超えた実力行使はラント法を破ることを意味し、したがって法共同体からの追放の理由となったのであり、また、ラント法共同体の守護者としての領邦君主《ランデスヘル》は、より広範な平和を実現するために、実力行使の可能性をしだいに制限していった。しかし、そのことは、領邦君主による良き旧き権利の体系の不法な侵害でもあった。したがって、良き旧き権利ないしその総和としての良き旧き法の観念、すなわちいわゆる中世的法観念は、領邦君主に対する国民《ラントロイテ》の抵抗、とりわけ領邦権力への成長をめざす領主《グルントヘル》の努力に対する農民の抵抗にさいして、明確に示されることになる。そもそも、領主とその土地支配《グルントヘルシャフト》に服する土地従属農民(Grundholde)との間には、農民が領主に誠実を誓い助力を提供するのに対して領主は農民に保護と庇護を与えるという一種の双務的関係が存在したのであって、したがって領主の支配も法的な支配であった。(1)むろん農民の武装能力は限られていたから、領主はしばしば農民が所有《アイゲン》によって耕作する土地をも取得し、貸与《ライエ》によってこれをその農民に耕作させる(地代を徴収する)ことにしたり、貢租を強化したり、さらに人的支配(Leibeigenschaft)の範囲を拡大することによって所領の農民から一般的臣民身分を形成する第一歩を踏み出そうと試みたりした。しかし、農民はしばしば、そうした領主の努力に対してははげしく抵抗したのである。領主の保護を期待しえない農民は、もはやその領主に対する義務を果す必要がなくなったのであって、他の領主の保護を求めることができたし、また、都市や植民地方に逃亡することもできた。中世においては、労働力には決して十分な余裕があったわけではないから、領主としても農民を確保しておく必要は大きく、したがって農民は、場合によっては——良き旧き権利=法を掲げて——自己の土地耕作権を改善し、(貨幣)地代額を固定し、森林牧野の利用権を拡大するのに成功した。この場合、新たな主張が旧き権利として正当化されたことも、少なくなかったのである。こうした農民の闘争の高揚が、一五二五年の農民戦争の前史を形成したのであった。

　ギュンター・フランツ(Günther Franz)の研究(2)によれば、中世末期の農民蜂起は二つの基本類型に分類される。その一つは、編上靴党《ブントシュー》に示された「神の法」の実現をめざす革命的な闘争であり、もう一つは「旧き権利＝法」ないし「旧き慣行」の維持・回復をめざす保守的な闘争であった。すでに、一三世紀末のスイスの原始三州の盟約は、農民の法共同体としてのそれぞれのカントンが、城塞を築いて領邦君主としての地位を確立しようとするハープスブルク家の守護《フォークト》に対抗して旧き権利＝法を守るために結成されたものであったが、スイスではその後も、旧き権利＝法の回復を求める農民共同体の闘争が各地で展開された。とくに著名なのは、やはり領邦形成の努力を示したザンクト・ガレン修道院長に対するアペンツェルの農民共同体の闘争である。ここではすでに一三世紀中葉から示された農民の不満が一四世紀末に爆発し、ザンクト・ガレン修道院長の支配に服する他の農民共同体（および都市ザンクト・ガレン）と同盟を結んだアペンツェルの農民が、さまざまの要求事項を掲げて修道院長と交渉を行なうことになったが、その主張の中心は、「喜びと安らぎを保ち、定められたもろもろの旧き権利＝法と、われわれが享有するもろもろの自由および恩恵と、われわれのその他もろもろの正しく良き慣習とを維持する」ことにあった。

　アペンツェルの農民共同体の闘争は、その後多くの農民共同体と連携した巨大な一揆に成長したのち、一五一三年にアペンツェルがスイス盟約共同体に加盟するに及んではじめて終熄を見るに至ったが、スイスではそのほかにも、ルツェルンやベルン、チューリッヒ等の都市の支配に服する農民が旧き権利＝法の回復をめざす闘争を展開し、また、一五世紀に入ると南ドイツでも、同様な要求を掲げる農民一揆が頻発した。一五一四年にヴュルテンベルクで発生した著名な農民一揆「貧しきコンラート」(Der Arme Konrad)もこの系列に属するものである。ここでは、シュヴァーベンに領域的支配を確立し、これを中心としてドイツ帝国の国家的統一を進めようとしたシュタウフェン家の努力が挫折したのち、ヴュルテンベルクの太公が、(貴族が帝国直属身分に属し、太公の支配に服さなかったために)都市の上級市民を中心として構成されることになった領邦等族とともに、国家形成をすすめることになったのであるが、これに抵抗する農民は、旧き慣行がローマ法の教育を受けた専門法曹(いわゆる doctores)によって無視されていると主張し、その回復を要求したのである。

このような「旧き権利＝法」のための闘争と並行して、一五世紀末から一六世紀初頭にかけての時期には、ライン上流地方に、「神の法」——聖俗の一切の支配と特権を否認する、聖書に示された理想的秩序——を実現しようとする編上靴党の農民一揆が展開された。フランツによれば、一五二五年の農民戦争には、これら二つの流れが合流しているのである。そして、聖俗の中間権力を排除した上で「神の正義と兄弟愛を行ない、唯一の君主すなわちローマ皇帝のみを戴く」、という農民の構想が挫折したのちに、今や国家建設の担い手たることを明らかにした領邦君主との闘争において、農民共同体が再び伝統的な権利の回復を要求しつづけたことは、すでにホーエンツォレルン＝ヘヒンゲンの場合について見たとおりである(二六頁以下)。

アンガーマイヤー(Angermeier)の研究[3]によれば、農民戦争の指導者の一人、フリードリッヒ・ヴァイガント(Fr. Weigandt)は、フランケンの農民に示した改革案において、集権的な国家構造をもつ帝国の再建に大きな期待を寄せている。それによれば、すべての地方に皇帝直属の地方長官が任命され、平和と司法と帝国に関する事項とを管掌しなければならない。また、皇帝に直属する帝国裁判所によって帝国の司法をその頂点から順次改善するとともに、皇帝の監察官が皇帝の法令に違反するすべての行為を審査するようにしなければならない、等々と説かれた。この構想は、ヴュルツブルク付近の戦闘で農民が大敗を喫したのちに修正され、聖俗の諸権力に対しては、かれらが皇帝に対するレーン法上の諸義務を実行するかぎりにおいて所領の支配を認めることになったが、いずれにせよ、農民の構想する新たな国家秩序は、ここでは既存の帝国と結びついたものであった。

これに対して、たとえばティロールにおいて農民戦争を指導したミヒャエル・ガイスマイア(M. Gaismair)は、領邦君主の権力を完全に排除すべきこと、ティロールが四つの地方から選出された参事会により統治されるべきことを要求しているが、この場合も、終身任期の成員から成る参事会の集権的な統治が神の手の延長として正当化されたのであって、そこから民主主義的理念を読み取ることはできない。ガイスマイアの念頭にあったのは、「福音主義的権力国家」と呼ぶことのできるような漠然たる理想にすぎず、実現の可能性のないものであった。神の正義を地上に実現しようとする農民の要求は、結局、ヴァイガントの第二次改革案の線、すなわち帝国等族のレーン法上の諸義務の履行を求めるところまで後退したかたちで、一七世紀のルター派国法学者、ラインキングやゼッケンドルフにうけつがれることになる。帝国には、その裁判権によって、領邦君主の権力を法的に制約することが期待されるのである。それは、とりもなおさず、領邦臣民の旧き権利の保障を意味した。

ところで、帝国の裁判所(帝室裁判所《ライヒスカンマーゲリヒト》および帝国宮廷法院《ライヒスホーフラート》)ないし領邦の裁判所が領邦君主の権力を法的に制約しうるためには、紛争が司法事項(Justizsache)にかかわるものであって行政事項(Polizeisache)に属するものではないことを、まず明らかにする必要があった。この両者の区別について、帝室裁判所判事のクラーマー(Cramer)は、一八世紀の中葉に次のように述べている。(4)「行政事項がそれ自体としては帝国の最高裁判所においても裁判の対象とならないということには、疑問の余地がないであろう。しかしながら、その行政事項が係争状態(contentiosus)になるや否や、それは、いわば類の下に種が位置づけられるように司法事項に含まれ、それゆえ帝国の最高裁判所のみならず、下級裁判所においても訴訟の対象となる。……そして、行政事項が係争状態になるのは、政治的なことがらのほかに、当事者の権利と損害を考慮しなければならない場合である」。換言すれば、私人の権利(ius privatorum)ないし私権(Privatrecht)が侵害されるかぎりで、行政事項は司法事項に転化する。したがって、裁判所は、領邦君主ないしその政府の命令がかりに公共善に関するものであっても、同時にそれが臣民の既得権(iura quaesita)を奪ったりその諸特権・諸自由を害したりするものでないかを、その都度綿密に検討しなければならない。

このクラーマーの見解について留意すべきは、かれのいう私人の権利《ユース・プリヴァトールム》がのちの私法上の権利に限定されていたわけではなく、領邦君主の有する諸高権(Hoheitsrechte)——裁判権をはじめとして、貨幣鋳造権、関税徴収権、市場開設権、鉱業権、狩猟権等のいわゆる国王留保権《レガーリエン》を含む領邦権力の諸要素——との対比において、私人が有しうるあらゆる権利を意味したことであり、したがってのちの公法上の権利をも含むものであったということである。[5] そのような私人の権利ないし既得権がつねに司法的保護の対象となることについて、帝国国法論者のピュッターは、公共善のための制限との関連に言及しつつ次のように論じている。[6]

ピュッターによれば、ドイツの領邦権力もまた、その他のあらゆる最高権力と同様に、公共善の実現という目的による制約の下にあるが、他方において領邦臣民の合法的に取得された所有権(rechtmäßig erworbenes Eigentum)すなわち既得権(ius quaesitum)もまた、公共善のために制限されざるをえない。「共同体全体ないしその主要部分の維持が個々の成員の所有権と衝突し、全体を救うために一部を犠牲にしないかぎり全体が滅亡してしまうか、少なくとも没落してしまう危険がきわめて大きいとき」には、個々の臣民は公共善のために自己の所有権を犠牲に供さなければならない。もっとも、その場合にも、所有権者の犠牲は救済を受ける側の相応の出捐によって補償されることを要するが、いずれにせよ、共同体の個々の部分が全体のために譲歩しなければならないかぎりで、最高権力が貫徹されることは疑を容れない。しかしなから、「自己の所有権またはその他の正当に取得された権益を援用する者に対して法的審問(rechtliches Gehör)を拒否せず、少なくとも異議を唱える根拠があるか否かを裁判上調査するのが正当ではなかろうか」。最高権力といえども、法的審問を経ることなく所有権ないし既得権(wohlerworbenes Recht)を取り上げる権利はない。所有権ないし既得権の保障こそ、人間を自然状態から政治社会へと赴かせた重要な動機の一つなのだから。「その意味で、かのイギリス人〔ロック〕が自由と所有権(liberty and property)を神聖不可侵とするのは、他の国でも通用するものである」。

こうして、一八世紀の実務と学説は、領邦君主の行政《ポリツァイ》に対抗して主張される旧き権利を既得権として構成することにより、これに法的保護を与えることができた。この構成において重要なのは、それが、領邦君主の諸高権と、公法的な権利をも含む私人の権利としての既得権とを同じレベルに位置づけるという前提から出発しており、したがって、この両者について権原(Rechtstitel)を必要としているということである。[7] すなわち、当時の観念によれば、領邦君主の諸高権は単一不可分の主権から流出するものではなく、何らかの権原にもとづいてのみ取得されうるものとされていたから、領邦君主の高権(ius politiae)の行使すなわち行政《ポリツァイ》によって既得権が侵害された、という主張がなされた場合は、裁判所はまず当該の高権について権原の有無を調査しなければならなかった。そのような権原としては、皇帝による授与、契約、さらにヴェストファーレン条約以降は慣習法が問題になりえたが、いずれにせよ、絶対主義の時代にきわめて広範に展開された領邦君主の行政《ポリツァイ》についてさえ正当な権原の有無が問われえたことは、注目に値する。

他方において、既得権についても、諸高権の場合と同様に権原が必要とされたことは、「合法的に取得された所有権」というピュッター の表現からも読み取れる。一七六三年に帝室裁判所は、領邦君主とその支配に服する一村落との森林伐採税をめぐる紛争について、森林についての村落の私的所有権(Privateigentum)から森林の無制約な使用をみちびき出すことはできない、としている。君主との契約によって旧き権利が制限されえないものとされたときにのみ、その権利は権原を伴う既得権として法的保護の対象とされたのである。そのかぎりで、既得権は、もはや純然たる前国家的権利としての性格をもつものではない。権利実現の最終的担保を権利者の実力に求めることはすでに不可能になっているのであって、その点にかつての良き旧き権利と既得権との差異を見出すことができる。しかし、旧き由来(altes Herkommen)は、やはり原則として既得権の重要な要素とされていた。契約によって既得権が基礎づけられる場合にも、それが契約文書によって証明されるだけで旧き由来を伴わないときは、これに対する君主の介入はとくに頻繁に見られたのである。それゆえ、既得権について何らかの権原を必要とした一八世紀の構成は、良き旧き権利の不変性の動揺を示すと同時に、なお領邦君主に対して権利の確認を迫り、自力救済の断念の代償として司法的保護を要求しえた領邦臣民、とりわけ領邦等族の力を示すものであったと考えられる。領邦君主と領邦等族との契約、たとえばヴュルテンベルクにおいて「貧しきコンラート」の圧力を利用して形成された一五一四年のテュービンゲン協定が、等族の良き旧き権利＝領邦の良き旧き法を基礎づけたものとして、のちにしばしば援用される、ということにもなったのである。

もっとも、絶対主義の下では、このような既得権も、必ずしも最高権力にとっての絶対的障壁ではなかった。この障壁を破るために構成されたのが、君主の優越権(ius eminens)の理論である。(8) すでにグロティウス(Grotius)は、あらゆる私的所有権(dominium privatum)の上に君主の優越所有権(dominium eminens)が存在する、と見ることにより、公共善のために既得権の侵害が許されると説いたが、プーフェンドルフはこのような分割所有権論による構成に代えて、社会契約のさいに非常の場合には既得権の不可侵を放棄することが合意されている、という構成をとった。この契約的構成によって、君主の優越権の理論は立法にも及ぶ広い適用範囲を獲得することになったのであるが、それにもかかわらず、優越権を根拠とする既得権の侵害に対しても補償の義務があるとされ、また、法的審問の機会を奪うことができないとされたことは、上記のピュッターの見解からも明らかである。君主は優越権によって既得権を侵害した場合にも、裁判上「相当の事由」の存在を主張してこれを正当化しなければならなかった。そして、この「相当の事由」による優越権行使の正当化の必要は、学説によってしだいに拡張され、既得権侵害の場合に限らず君主の権力が行使されるすべての場合に、権利濫用ないし権限踰越(公共善の実現という目的からの逸脱)の禁止が説かれるに至る。たとえばクラーマーは、領邦君主による独占事業が許されるか否かを論じて、経済政策的な目的をもつ独占は許されるが君主の収入増大のみを目的とする独占は許されない、と説いているけれども、この結論は具体的な既得権の侵害という構成から導かれうるものではない。独占によって侵害されるのは一般的な営業の自由であって、何らかの具体的な既得権ではないからである。この場合は、君主の権限踰越という構成によるほかはなかった。

こうして、具体的な既得権と、同様に具体的な高権とのカズイスティッシュな対抗関係は、後者が一般的な優越権《ユース・エミネンス》ないし主権の観念によって徐々にとって代られてゆくのに対応して、その主権と、やはり一般的な自然的自由(natürliche Freiheit)との原理的な対抗関係——一九世紀に入って国家と市民社会との対置という図式へと変質することになる対抗関係——へと転化してゆく。たとえばピュッターも、既得権と並んで最高権力を制約するものとして、自然的自由を挙げている。それによれば、人間は自然状態においては、一般的平等と自然的自由によって、任意に行動する権利、とくに自己の財産を自由に処分する権利を有していた。しかしながら、この自然状態を離れて政治社会を形成すると同時に、人間は一般的犠牲を払わなければならない。すなわち公共善のために必要な場合には、最高権力の定めるところにしたがって臣民の自然的自由が制限されるということになる。しかし、この制限は、公共善が要求し、他に合法的な方法がない場合に限って認められるものであり、君主の恣意や利己心にもとづくものであってはならない。したがってまた、この種の制限は、すべての臣民に、関係に応じて平等に(in verhältnismäßiger Gleichheit)課せられねばならない。また、疑わしい場合は、制限は控え目になされるべきである。政治社会の成員は誰でも、公共善のために自然的自由を犠牲にしなければならないが、可能なかぎり少ない負担を課せられるべきものであるから。それゆえ、公共善が自然的自由を制限することなしに、または僅かの制限によって維持されうる場合、不必要に自然的自由を制限することは、不法である。

ピュッターは、自然的自由の侵害に対して司法的救済を求めうる可能性については言及していない。これに対して、同時代の国法学者ベルク(G. H. von Berg)は、自然的自由が法的保護の資格(Rechtsschutzfähigkeit)として認められることを明言している。[9] 一般に一八世紀の後半には、君主の行政《ポリツァイ》が公共善の実現という目的を逸脱した場合には自然的自由の不当な侵害があったものとみなされ、さらに、契約的構成によって、自然的自由が政治社会においても「契約によって確認された権利」すなわち正当な既得権の一種として把握された結果、自然的自由の侵害にさいしても法的保護が与えられるべきものと観念されることになるのである。もっとも、当時の通念によれば、自然的自由の侵害は本来の既得権の侵害に比して法的保護を得にくいものとされていたが、これは、実務上も理論上も、法的保護が既得権からしだいに自然的自由に拡張されていったことを物語るものにほかならない[10]。この変化は、まさに、すでに見た政治社会の裾野の拡大に対応する変化であった。そして、カントにおいては、取得された権利（erworbenes Recht）は、自立的権力が自己の実力によって担保した前国家的固有権としての良き旧き権利でもなければ、自然的自由に先立って法的保護を享受する既得権（wohlerworbenes Recht）でもない。それは、生得の権利（angeborenes Recht）としての自由（および平等）との対比において、文字どおり取得された権利、その意味で派生的な権利として位置づけられることになる[11]。そこで重要なのは、もはや取得された状態ではなくて、取得行為なのである。したがって、カントの影響の下にオーストリア一般民法典を起草したツァイラー（Zeiller）は、取得された権利という表現を取得しうる権利（erwerbliches Recht）に改めている[12]。また、ドイツにおける近代私法体系の樹立者サヴィニーも、かれの既得権論において権利の取得と権利の存在とを区別し、新たな法律の施行にもかかわらず既得権として保護されるのは、法律の改正が権利の取得に関するものである場合に限られる、としている。こうして、個人の意思の支配領域のなかで「取得された権利」だけが、法的保護の対象となる[13]。その反面、自然的自由は、ドイツにおいては「生得の権利」であるにもかかわらず、否、まさに「生得の権利」であるかぎりにおいて、権利としての法的保護を受けえないものとなるのである。

(1) Otto Brunner, Land und Herrschaft, S. 240 ff. を見よ。

(2) Günther Franz, Der Kampf um das "alte Recht" in der Schweiz im ausgehenden Mittelalter, in: Vierteljahrschrift für Sozial- und Wirtschaftsgeschichte, Bd. 26; Derselbe, Geschichte des Bauernstandes vom frühen Mittelalter bis zum 19. Jahrhundert, 1970, S. 131 ff. 村上淳一「《良き旧き法》と帝国国制(一)」をも参照されたい。

(3) Heinz Angermeier, Die Vorstellung des gemeinen Mannes von Staat und Reich im deutschen Bauernkrieg, in: Vierteljahrschrift für Sozial- und Wirtschaftsgeschichte, Bd. 53. これについても、村上・前掲論文を参照。

(4) Freiherr von Cramer, Wetzlarische Nebenstunden, worinnen auserlesene beim hochpreißlichen Cammergericht entschiedene Rechtshändel zur Erweiterung und Erläuterung der teutschen in Gerichten üblichen Rechtsgelehrsamkeit angewendet werden, 1755–1773, Bd. 1, S. 88.

(5) このような指摘は、Wolfgang Rüfner, Verwaltungsrechtsschutz in Preußen von 1749 bis 1842 に負う。なお、Wilhelm Henke, Das subjektive öffentliche Recht, 1968 をも見よ。

(6) Johann Stephan Pütter, Beyträge zum teutschen Staats- und Fürstenrechte, Bd. 1, 1777, S. 352 ff.

(7) 「権原」についての指摘は、とりわけ、Bernd Wulffen, Richterliches Prüfungsrecht im Heiligen Römischen Reich Deutscher Nation des 18. Jahrhunderts, 1968 による。

(8) ius eminens については、Rolf Stödter, Öffentlich-rechtliche Entschädigung, 1933, S. 57 ff.; Rüfner, a. a. O., S. 33 ff. を参照。

(9) Günther Heinrich von Berg, Handbuch des teutschen Policeyrechts, 2. Aufl, 1. Teil, 1802, S. 157

ff. なお、Rüfner, a. a. O. は、自然的自由の保護に関する当時の学説をきわめて詳細に紹介している。

(10)　一八世紀後半のドイツにおける自然的自由の観念と身分制的な諸自由との連続面と断絶面について、Diethelm Klippel, Politische Freiheit und Freiheitsrechte im deutschen Naturrecht des 18. Jahrhunderts, 1976, S. 159 ff. を見よ。

(11)　Kant, Metaphysik der Sitten, Rechtslehre, Einleitung in die Rechtslehre, Einteilung der Rechtslehre B.

(12)　Hermann Conrad, Individuum und Gemeinschaft in der Privatrechtsordnung des 18. und beginnenden 19. Jahrhunderts, 1956 の指摘。一八一一年のオーストリア一般民法典（ＡＢＧＢ）は、ツァイラーを経由して、カント的意味における「生得の権利」と「取得された（取得しうる）権利」との区別を導入し、それにもとづいて一般的権利能力(allgemeine Rechtsfähigkeit)の観念を確立した。すなわち一七九四年のプロイセン一般ラント法（ＡＬＲ）が、「人間は何らかの権利義務の主体とみなされる限りにおいて実定法上の人格(persona moralis)である」と説いたヴォルフにしたがって「人間は政治社会において何らかの権利を有する限り人格(Person)と呼ばれる」（第一部第一章第一条）としたのに対して、ＡＢＧＢは、まず「何人も理性によって明白な生得の権利をもち、それゆえ人格と認められる」（第一六条）と宣言し、さらに第一八条で「何人も法律の定める条件の下に権利を取得する能力を有する」とした。コンラートのいうように、ＡＢＧＢは第一八条によって、第一六条の原理を「取得しうる権利」との関連にまで拡大し、平等の権利能力を自然法の分野から市民法（実定法）の領域にまで及ぼしたのである。

(13)　Friedrich Carl von Savigny, System des heutigen römischen Rechts, Bd. 8, 1849, §§ 384-400. より詳細には、村上淳一「ドイツ《市民社会》の成立」参照。

二　所有権概念の変遷

良き旧き権利にしても、既得権にしても、その中心に位置づけられたのが所有権(dominium, Eigentum)、ことに土地所有権であったことはいうまでもない。しかし、すでに私人の権利《ユース・プリヴァトールム》の概念について言及したように、所有権もまた、一八世紀末までは単なる経済的・私法的な用益・処分の権利ではなく、政治的・公法的な性格を帯びた概念であった。

中世における所有権《ドミニウム》の性格を、とくに土地支配《グルントヘルシャフト》について明らかにしたのは、ブルンナーである。(1) ブルンナーのいう土地支配《グルントヘルシャフト》は、いわゆる領主《グルントヘル》の土地支配のみならず、領主に地代を支払って(つまり貸与《ライエ》によって)、または地代を支払うべき領主をもたずに(つまり所有《アイゲン》によって)土地を耕作する農民の土地支配をも含む概念であるが、ブルンナーによれば、そのような土地支配を私法上の所有権として理解することは許されない。たしかに、一二世紀以降のイタリアの法学者は、物に対する経済的・私法的な支配権としてのローマ法の所有権《ドミニウム》の概念を中世に導入したが、そのさい、この概念は重要な変更を受けた。すなわち、中世イタリアの法学者は、君主に「統治権によるドミニウム」(dominium secundum imperium)を、その他の者に「所有権によるドミニウム」(dominium secundum propietatem)を認めることによって、公法的要素と私法的要素とを含む上位概念としての所有権《ドミニウム》の概念を形成したのであって、土地支配《グルントヘルシャフト》もまた、そのような意味での土地の所有権《ドミニウム》にほかならなかった。

この所有権《ドミニウム》の概念は、ゲルマン法上のゲヴェーレ(Gewere)の概念(2)と一致するものである。ゲヴェーレとは、事実上の所持・利用と結びついた物についての権利であるが、ブルンナーによれば、ゲヴェーレの概念において何よりも重要なのは、事実上の所持がラント法上の完全な武装能力を前提したということ、すなわち武装能力ある自立的権力として法共同体としてのラントを構成する者だけがゲヴェーレの主体たりえた、ということである。ゲヴェーレは、不法な侵害から武力によって守られねばならなかった。かりに防衛に敗れた場合にも、少なくともその抵抗によって、不法な実力に対抗してゲヴェーレを行使する能力が示されたわけである。それゆえ、土地の支配者《ヘル》は、単に経済的・私法的な土地所有者たるにとどまらず、土地について保護と庇護を行なう文字どおりのグルントヘルであった。土地についての所有権《ドミニウム》は、所有《アイゲン》にもとづくものであろうと、貸与《ライエ》ないし授封《レーン》にもとづくものであろうと、権原の如何を問わず、正しい実力(gewalt mit recht)によって裏づけられた支配=保護を意味した。

むろん、近世に入ると、実力行使の禁圧に伴って、所有権《ドミニウム》は徐々にその政治的・ヘルシャフト的性格を弱めてゆく。しかし、グロティウスが君主の権力を優越所有権《ドミニウム・エミネンス》によって基礎づけたことから明らかなように、一七世紀に入っても、所有権《ドミニウム》はそのヘルシャフト的性格を失ってはいないのである。

ボダンもまた、至高権《マイエスタス》と所有権《ドミニウム》＝支配権《ポテスタス》、すなわち主権(souveraineté)と領主権(seigneurie)とを質的に区別しないままで、主権を最高の支配権(suprema potestas)としてとらえるのであるが、[3]このように、君主の権力を質的に区別のないさまざまの支配権力(Oberkeiten)のなかで最上位に位置づけられるものにすぎぬとする見方は、もともと分割所有権論と密接な関係をもつものであり、グロティウスはまさに分割所有権論にもとづいて、君主の権力を優越所有権として構成したのであった。

分割所有権論[4]は、一四、一五世紀のイタリアの註解学派によって形成されたものである。それによれば、授封や貸与にもとづく所有権《ドミニウム》は下級所有権(dominium utile)として、封主や領主の上級所有権(dominium directum)に対置された。上級所有権者は、その所有権がさらに上級の所有権から導き出される場合、その関係では下級所有権者として位置づけられた。本来私法的な支配権であると同時に、不可分の、完全な物権でもあったローマの所有権《ドミニウム》は、こうして、政治的な支配権としての性格を与えられるにとどまらず、中世の重層的な支配関係に対応して分割されたわけである。近世に入っても、グロティウスの例に見られるように、しばしば君主(ないし国家)が最上級の所有権者とされ、農民のうち良好な借地権(通常は世襲借地権《エルブプライエ》)をもつ者が最下級の所有権者としてとらえられた。このような分割所有権論が、ドイツやフランスでは一八世紀末まで維持されてゆくのである。とりわけ、領邦君主の権力を法的に基礎づけようとした一八世紀ドイツの法律家にとって、フランスの場合のようにローマ法上の統治権《インペリウム》の概念を援用することは困難であった(統治権《インペリウム》は何よりもまずドイツ皇帝＝ロー《インペラ・》マ皇帝《トル・ロマノールム》に属した)から、領邦君主の家産(patrimonium)についての所有権《ドミニウム》がその権力を基礎づける、という構成がとられた(いわゆる家産国家《パトリモニアルシュタート》の観念)。そのことによって、領邦君主の権力は私的所有権ないし既得権として、皇帝の介入を免れうる、と主張されたのである。

もっとも、グロティウスも、君主の優越所有権《ドミニウム・エミネンス》を私的所有権《ドミニウム・プリヴァートゥム》に対置しており、少なくとも後者については所有権《ドミニウム》を政治的支配から切り離して、非政治的・私法的所有権概念を提示しているかに見える。[5] しかし、グロティウスの場合、そもそも自然状態において共同所有が分割され、または先占ないし分割により個別的所有を認める旨の黙示の合意がなされたという構成にさいして、その個別的所有権が私的所有権としてとらえられているのであり、所有権の非政治的・私法的性格がとくに強調されているわけではない。そのことは、やはり自然状態における所有権《プロパティ》の基礎づけを求めながら、これを合意にもとづく先占ないし分割ではなく労働に見出したロックにおいても、ある程度指摘できる。たしかに、グロティウスにおいて共同所有を廃止する合意が先占の結果生じた所有の不平等をすべて正当化し、既存の所有＝支配秩序を固定する意味をもったのに対して、ロックが示した労働による所有権の基礎づけは、所有＝支配秩序の流動化の可能性を示唆するものであった。しかし、ロックの構成は、それ以上に進んで所有権を純粋に経済的・私法的な概念として把握したものではない。[6] 第一にロックの場合、所有権を基礎づけると同時に限界づける労働は、まだ純粋な個人の労働ではない。「私の馬の喰う牧草、私の下僕の切り取った芝土……は私の所有となる。私の労働がそれを共有状態から取り出したのであり、それについての私の所有権を確立したのである」。したがって、ロックにあっては、馬が牧草を喰うことばかりでなく、下僕が芝土を切り取ることも、「私の労働」とみなされる。それは、家長の支配《ヘルシャフト》の下で投入される労働であった。(7) 第二に、所有権を基礎づけ、限界づける労働は、なお事実上の所持・利用と結びついたもの、その意味で支配＝保護と関連したものであり、したがって所有権は抽象的な処分権ではなく、具体的な利用権ないし利用義務を中心とするものであった。土地の所有権について、ロックはいう。「誰かが耕作し、収穫し、貯蔵し、腐敗する前に消費したものは、かれ自身の権利であった。かれが囲い込んだものは何でも、かれが飼育する家畜も、そしてまた家畜が生み出したものもかれが消費しえたかぎりで、同様にかれのものであった。しかし、囲い込まれた土地の牧草が地上で腐ってしまったり、かれが栽培した果実が採集貯蔵する前に腐ってしまったならば、大地のこの部分は、かれが設定した境界にもかかわらずなお未墾地とみなされ、他人のものとなりえた」。したがって、ロックが自然状態において労働により基礎づけた所有権《プロパティ》は、二重の意味でヘルシャフトとの関連を維持していたということができる。ロックにおいて政治社会は、まさにこのような所有権《プロパティ》を保全する目的のために――所有権者としての家長たちによって――形成されたものであった。(8)

これに対して、ロックよりもほぼ一世紀のちのカントの所有権論においては、自然状態における所有権形成の根拠は——土地所有共同体の存在を前提として——再びグロティウス(およびプーフェンドルフ)と同様に合意によって基礎づけられた先占に求められる。しかし、カントによれば、自然状態における所有は事実上の所持を伴う経験的・感覚的・物理的な所有であり、したがって暫定的に法的な所有(provisorisch-rechtlicher Besitz)にすぎない、とされる。むろん、グロティウスやロックをはじめとしてカント以前の自然法論者も、自然状態における所有が不安定なものであることを認めた上で、これを確実なものにするために契約によって政治社会が形成された、と説いた。しかし、かれらにあっては、自然状態における所有と政治社会における所有との間に質的な変化は認められず、自然状態において成立した所有権についてその保障の強化が政治社会に求められたのにすぎないのに対して、カントの場合は、政治状態(bürgerlicher Zustand)すなわち政治社会における所有は、自然状態におけるそれとは質的に区別されたものとなる。後者における所有が経験的・感覚的・物理的な所有、つまりゲヴェーレについて見たようにヘルシャフトと不可分の所有であったのに対して、政治社会における所有は所持を伴わない観念的(intelligibel)な所有、純粋に法的な所有であり、したがって確定的な所有(peremtorischer Besitz)である、とされるのである。この純粋に法的な、観念的な所有を、カントはもはや合意にもとづく先占ないし労働という経験的事実によってではなく、ア・プリオリに根拠づける。すなわち「外的なるもの(利用しうるもの)が他者のものにもなりうるように、他者に対して行動することが、法的義務なのである」という実践理性の要請によって、非物理的・観念的・純粋に法的な所有が基礎づけられることになる。そして、このような所有をア・プリオリな基礎づけのゆえに確定的《ペレムトーリッシュ》な所有として保障する政治社会は、やはりア・プリオリに、普遍的な法律の下で各人の自由意思が実現される状態として把握されるわけである。

こうしてカントは、政治社会における所有を事実上の所持ないし利用から切り離したかぎりにおいて、所有権のヘルシャフト的性格をはじめて積極的に否認した。そのかぎりで、所有権は政治的要素から解放される。所有権の保障の任務は政治社会＝国家にゆだねられることになる。しかしカントは、他面において、所有権から政治的支配の要素を完全に除去し、これを全く経済的な処分権として理解したわけではない。第一に、カントにあっては、国家は依然として家を単位とする政治社会として、すなわち自権者たる家長の社会として理解される。それゆえ、かれは、対物権(dingliches Recht)、対人権(persönliches Recht)つまり債権と並んで、妻・子・僕婢に対する家長の権利を「対物的対人権」としてとらえるのである。すなわちカントによれば、夫と妻、親と子、家長と僕婢の関係は「外的な対象を物として所有し、人として使用する」ものである。むろん、夫が妻(妻が夫?)を、親が子を、家長が僕婢を「物として所有する」ことの効果は、対外的側面においてのみ現れる。夫婦の一方が他人のもとに去った場合には他方はこれを所有物と同様に取り戻す権利を有し、子が親の権力からひき離されて他人のものとされているときは、親は逃げ去った家畜を取り戻すのと同様に子を取り戻す権利を有し、家長は逃亡した僕婢を一方的に取り戻す権利を有する、とされるのである。これらの権利が物についての所有権と同視されている点に、ヘルシャフトとしての所有権の観念の残存を認めることができよう。カントは、まさにそのような所有権の主体としての家長《ハウスヘル》を、政治社会の担い手としたのであった。

第二に、カントは、自然状態における所有と政治社会における所有とを質的に区別しながらも、両者を連続的に、後者を前者の転化したものとしてとらえている。カントによれば、政治的秩序(政治社会)は各人にかれのものを保障する法的状態にすぎず、各人のものを新たに協定し決定するわけではない。政治社会における一切の保障は、「各人のかれのもの」をすでに前提しているのであって、政治社会以前の自然状態において、共通の意思によってのみ基礎づけられた「暫定的に法的な所有」が、政治社会において「確定的な所有」に転化し、その保障を受けることになる、とされる。それはとりもなおさず、政治社会における純粋に法的な、観念的な所有が、自然状態において合意にもとづく先占によって取得され実力によって担保された所有の、延長上に位置づけられるということにほかならない。それゆえカントによれば、私法は自然状態における物理的・暫定的な所有および政治社会における観念的・確定的な所有の秩序として、すなわち自然状態と政治社会の両者に亙る所有秩序としてとらえられる。それは、カントが自然状態における人間――カントにおいて現象人(homo phaenomenon)から区別され、理性的意思の担い手たる本体人(homo noumenon)としてとらえられた人間――に法的状態への志向を認め、それゆえ暫定的な所有秩序をすでに確定的なそれへと方向づけられたものとして理解したことを意味するとともに、かれが政治社会をア・プリオリに構成しながら、同時に、それを依然として自権者から成る法共同体としてとらえたということを意味する。換言すれば、既存の所有秩序を前提としたかぎりにおいて、カントの政治社会ないし国家は、なお自権者の法共同体としての性格を維持しえたのである。

こうしたカントの所有権論と顕著な対照を示すのが、ルソーのそれである。[9] ルソーもまた、上述のように、家長によって形成された政治社会という伝統的観念を完全に免れているわけではない。それにもかかわらず、ルソーの場合、政治社会は、もはや既存の政治秩序を保障するものではないのである。ルソーも、グロティウスおよびプーフェンドルフ以来の構成にしたがって、自然状態における合意にもとづく先占から出発する。しかし、必要と労働によって正当化される先占者の権利(droit de premier occupant)は、まだ真の所有権《プロプリエテ》とは認められない。先占によって取得された個人の土地は、社会契約によって、政治社会＝国家の領土として統合されると同時に合法的な所有として保障され、横領が真の権利に、利用が所有権《プロプリエテ》に変化することになる、と説かれるのである。しかし――カントの場合と対照的に――ルソーは所有者を国家すなわち共同体《コミュノテ》の財産の保管者《デポジテール》にすぎないものとしてとらえる。「個人が自己の私有地についてもつ権利は、どのようにして取得されたものであろうとも、つねに、共同体がすべての土地についてもつ権利よりも下位に位置づけられる。さもなければ、社会的結合は堅固でなくなり、主権のはたらきは真の力を失うであろう」。このようにして、ルソーは、国家が土地の保管者《デポジテール》としての所有権者からその土地を取り戻す可能性、既存の所有秩序を再編する可能性を認めたわけである。ルソーはいう。「人(学者)は、社会契約によって各人は自己の力・財産・自由のうち共同体にとって必要とされる一部分だけを移譲する、と認めている。しかし、かれは、共同体にとって何が必要かを判断するのは主権者だけだということも、認めなければならない」(『社会契約論』第二編第四章)。この人《オン》がロックを指すことには、疑問の余地がない。ヘルシャフトないし事実上の所持=利用と結びついた所有に基礎を有する政治社会、既得権の体系としての政治社会、自権者の法共同体としての国家は、ここに大きな打撃を受けることになったといえよう。法的構成としては、ルソーは土地に対する個人の先占による権利ないし所有権と、国家の領有権とを、ともに土地所有権(domaine réel)たる上位概念《ドミニウム》の下に論じているのであり、したがってルソーにおいては、ヘルシャフトとしての所有権という伝統的な観念の下に、国家(=共同体)がいわば自己の上級所有権《ドミニウム・ディレクトゥム》にもとづいて、共同体の財産の保管者に認められた下級所有権《ドミニウム・ウーティレ》に介入しうる、ということになる。労働によって所有権を基礎づけたロックにおいては国家に上級所有権を認める可能性はなかったのに対して、ルソーの場合、労働は先占による(所有権以前の)権利を限界づける——その意味で正当化する——機能のみを有したのであり、その結果、(普遍意思として構成された)国家ないし共同体の上級所有権が維持され、所有秩序の変革のために重要な役割を与えられることになった、と見ることができる。

フランスの伝統的な所有秩序は、すでにアンシャン・レジームの末期において、とくに領主の上級所有権の銷却(rachat)というかたちで変化の兆しを見せていた。(10) 一八世紀後半のいわゆる領主的反動(réaction seigneuriale)による貢租の強化にもかかわらず、北部ブルゴーニュなどいくつかの地方では、領主と農民の合意によって、領主の上級所有権を象徴する賃租(cens)徴収権が銷却された。こうした変化を望んだのは農民だけではなく、貴族たると市民出身たるとを問わず、領主たちもしばしば銷却による土地の商品化を希望したのである。むろん、経済観念の発達は当然に銷却の要求と結びついたわけではなく、むしろ貢租の強化をもたらす場合(いわゆる領主的反動)もあったし、また、銷却によらずに、慣習法上認められた領主の先買権によって土地所有関係が整理されるということもあった。さらに、領主制的構造を維持しながら下級所有権にもとづく経営の近代化が進んだ場合もある。たとえば、パリに近いラ・ブリ(La Brie)地方では、すでに一七世紀に、賃租義務地(censive)が大農場として資本主義的に経営されている(むろん、この場合、下級所有権者として資本主義的経営を展開したのは農民ではなく、村の商人や都市の市民や国王の官吏であり、また、貴族であることもあった)。

このような土地所有関係の流動化を前提とする一般的な銷却の要求は、しかし、特権身分の社会全体に対する攻撃として受け取られ、パリの高等法院《パルルマン》をはじめとする各地のパルルマンによって拒否された。パルルマンは、所有権ないし既得権(droits acquis)の神聖不可侵を主張することによって、上級所有権を受動的な態度で享受するにとどまる保守的な領主層の立場に立ったわけである。そのことによって、パルルマンは、同時に小農民の下級所有権の擁護者となった。これに対して重農主義者は、領主を土地所有者(propriétaire foncier)として、借地人としての耕作者(cultivateur)に対置しようと考えたが、一六世紀以降のイギリスにおける借地農経営の発展に対応するこの構想は、当時のフランスにおいては一般的支持を得るには至らなかった。フランスでは、領主の上級所有権はむしろ収益権に近いものと考えられており、(銷却能力ある)下級所有権者を所有権者として新しい所有秩序を形成すべきだとした銷却論の方が、より説得的であった。それは、下級所有権者に完全な所有権を与えるばかりでなく、上級所有権者に対しても、取得した銷却金を自己の直営地に投下して資本主義的経営を展開する機会を提供しうるものであった。それゆえ、銷却論は、イギリスの大借地農経営やエルベ以東のいわゆるユンカー経営と対比されるようなフランス農業近代化の可能性を示唆するものであったと見られる。[11] その障害となったのは、既得権の維持を第一義とする領主層の反対だけでなく、何よりも小農民の利害であった。小農民の関心は抽象的な所有権の帰属よりも具体的な利益の確保に存したのであるが、銷却論はこれにこたえることができなかった。それゆえ、アンシャン・レジームにおける銷却論は、結局大きな成果を挙げることができなかったのである。

憲法制定議会もまた、一七八九年八月の「封建制度の完全な破壊」に関する諸決議によって、領主裁判権等の公法的な封建的諸権利を無償で廃棄するとともに、地代徴収権を中心とする領主的諸権利(droits seigneuriaux)を銷却する途を開いたが、それは小農民の要求をみたすには至らなかった。一七九三年七月に国民公会があらゆる地代所有権の無償廃棄を決定するに及んではじめて、下級所有権は自由・完全な所有権に転換されることになる。そのことは、一方ではたしかに、大・中規模の下級所有権者が接収された教会領を取得して一切の負担を免れた採算性ある農業経営を確立することに役立ちえたが、他方では小農民の細分化された土地所有を固定する結果となり、分益小作の残存等の要因と相まってフランス農業の近代化を妨げることになったのである。このような発展において、ルソーの見解は、むろん国家の立法による所有秩序の変革の可能性という抽象的な前提を示したものにすぎない。それは、神聖不可侵とされた所有秩序、既得権の体系に対して、国家ないし共同体がいわば最上級の所有権者として介入する可能性を認めることにより、さしあたり「封建制度の完全な破壊」の諸決議の理論的前提となったのであった。

ところで、注目すべきは、政治社会における所有権の観念性を指摘し、そのかぎりで所有権と支配＝保護との関連を断ち切ろうとしたカントが、主権者を上級所有権者＝国土支配者《ランデスヘル》としてとらえながらもこれを最高命令権者《オーバーベフエールスハーバー》と等置し、したがって主権者の上級所有権が私的所有権とは異質のものであることを確認した上で、主権者がその上級所有権(すなわち最高命令権)によって既存の所有秩序の一部分に介入する可能性を認めていることである。(12) カントによれば、国土支配者《ランデスヘル》は何も所有しない(私的所有権をもたない)と同時にすべてを所有する(私的所有権者としての国民各個人を支配する)。「それゆえ、土地の所有権者としてこれを後世代に(無限に)伝えてゆき、独占的に利用させてゆくような国家内の団体《コルポラツィオーン》も、身分や修道会《オルデン》もありえない。国家は、そうした団体を——その成員だった者に補償はしなければならないが——いつでも廃止することができる」。カントによれば、そもそも騎士団や教会の所有《ベジッツ》は、国民各個人のみに認められる私的所有権ではなく、国民の世論(Volksmeinung)に存在根拠を有するものにすぎない。したがって、国民がそれを不要とするときは、いわば国民の国家に対する訴によって、仮想上の所有権たることをやめる、とされる。ルソーにおいて国家がその上級所有権により既存の政治秩序全体に介入する可能性が認められたのに対して、カントの場合は、国家はその最高命令権の意味での上級所有権(物理的・政治的な支配権)により非物理的・観念的な私的所有権を確定的なものとして保障しなければならないが、本来の私的所有権とは認められぬ団体の所有については、自己の上級所有権＝最高命令権によってこれを廃止することが可能だ、とされるわけである。そして、実は、団体の所有権、とりわけ教会の所有権の廃棄こそが、近代的所有権の形成を決定的に促進する重要な歴史的要因となったのであった。一切の政治権力が国家の手に集中され、私的所有権が経済的性格を強めてゆく過程において、団体の所有権は、なお政治的ヘルシャフトと結びつきうるものだったゆえに、否定されねばならなかったのである。

(1) Otto Brunner, Land und Herrschaft, S. 240 ff. なお、所有権の概念史については、Dieter Schwab, Artikel "Eigentum", in: Geschichtl. Grundbegriffe, Bd. 2 をも参照。

(2) 一九世紀以降のゲヴェーレ論については、石井紫郎「ゲヴェーレの学説史に関する一試論」(石井良助先生還暦祝賀『法制史論集』所収)を参照されたい。

(3) Brunner, a. a. O., S. 243 の指摘。ただし、ボダンにおける monarchie seigneurial の観念がポリスとオイコスの二元論の克服、抽象的・絶対的な主権概念への架橋、という積極的側面をもったことについて、佐々木毅『主権・抵抗権・寛容』(一九七三)を見よ。フランス絶対主義の理論家ロワゾー(Loyseau)における、seigneurie privée から区別された seigneurie publique の概念については、成瀬治「絶対王政成立期の官職概念——ボダンとロワゾーの場合」(『西洋史学』八七号)参照。

(4) 分割所有権論については、Schwab, a. a. O., S. 70 f. に要約的な解説がある。詳細については、片岡輝夫「フランス法における分割所有権の歴史的研究(一)(二)(三)」(『国家学会雑誌』六〇巻一〇・一一・一二号、六五巻二・三号、五・六・七号)を見よ。

(5) グロティウスの所有権論については、Reinhard Brandt, Eigentumstheorien von Grotius bis Kant, 1974 による。

(6) Locke, Two treatises of government, 1690. 鵜飼信成訳『市民政府論』三一頁以下。本文の叙述は、Brandt, a. a. O., S. 85 の示唆に負うところが大である。なお、石井幸三「ロック《政府二論(第二部)》における法的権利について」(『阪大法学』九七・九八号)がある。

(7) アダム・スミスもまた、『グラスゴー大学講義』のなかの「家の法」(domestic law)の章において、僕婢《サーヴァント》が家長《マスター》の明示的な授権によって、または暗黙の同意の下に家長のために所有権を取得しうると論じながら、「家長はその僕婢を適当に懲戒する権利を有する。僕婢が家長の懲戒によって死亡した場合にも、懲戒が兇器によって行なわれたり、計画的に、また僕婢が手向ったわけでもないのに行なわれたりしたのでなければ、殺人罪とはならない」と説くことによって、家長の支配《ヘルシャフト》の性格を明らかにしている。Adam Smith, Lectures on justice, police, revenue and arms (edited by Edwin Cannan), p. 104.

(8)　Kant, Metaphysik der Sitten, Rechtslehre, 1. Teil: Privatrecht. なお、村上淳一「近代法体系の形成と《所有権》」(『法学協会雑誌』九三巻一一号)をも参照されたい。

(9)　Rousseau, Du contrat social, 1762(桑原武夫＝前川貞次郎訳『社会契約論』三七頁以下)。ルソーの所有権論についても、Brandt, a. a. O., S. 145 ff. を参照。

(10)　アンシャン・レジーム末期のフランスの土地所有構造と、とくに銷却論の展開については、Ernst Hinrichs, Die Ablösung von Eigentumsrechten. Zur Diskussion über die droits féodaux in Frankreich am Ende des Ancien Régime und in der Revolution, in: Eigentum und Verfassung (hrsg. von Rudolf Vierhaus), 1972 が詳細な検討を行なっている。本文の叙述はヒンリクスによる。

(11)　政治的ヘルシャフトと結びついた土地所有権が経済的処分権を中心としたそれへと転化してゆく過程を近代的所有権の成立としてとらえるならば、土地所有者―借地権者(農業資本家)―農業労働者の三要素から成るイギリスの農業経営に対応する土地所有関係(とくに、土地所有権に対する借地権の優越)のみを「典型的」に近代的なものと見て、フランスやドイツの場合を「後進的」なものとしてとらえる必要はない。近代化の座標軸を、「資本主義の発達」のみに求めるならば、社会史の豊かな内容の相当部分をドロップさせることになるか、または、相当に無理をした段階論によって位置づけざるをえない、ということになろう。

(12)　Kant, Metaphysik der Sitten, Rechtslehre, 2. Teil: Das öffentliche Recht, Das Staatsrecht, Allgemeine Anmerkung B.

三　近代的所有権概念の成立

一八世紀末に至るまでの所有権《ドミニウム》がもっぱら経済的・私法的な権利であったわけではなく、政治的支配と不可分の一体をなしていたということは、それが支配の客体(ことに土地と、その土地の上に生活する人々)に対する保護の義務と結びついた権利、いわば義務的な権利(Pflicht-recht)としての性格をもっていたことを意味する。所有権《ドミニウム》は、支配に服する人と物に対する関係で職務《アムト》とみなされた、といってもよい。しかし、その職務は、本来、あくまでも被支配者との一種の双務的な関係に基礎づけられたものであり、上位者からの授権を前提とする、上位者に対する職務ではなかったことに留意しなければならない。むろん、そのような職務を、同時に上位者からの授権によって基礎づけられたものとして構成する可能性がなかったわけではない。逆に、そのような構成は、政治秩序の形成のために重要な機能を果したのである。レーン法の体系は、その一つの成果にほかならない。エーベル(Ebel)は、レーン法の本来の機能が国王財産、すなわち帝国領や官職の授与(授封)による封臣の給養という拡散的過程に求められるものではなく、もともと王権から自由な自立的諸権力を、できるだけ広範に王権から導き出されたものとして位置づけ、秩序づけようとする集中的過程に存したことを指摘する。(1) エーベルによれば、レーン制国家は、すべての公的機能を上位の権力から委託された職務《アムト》とみなす国家観がとった最初の法的形態であった。むろん、封臣はもっぱら封主のために、封主の名において権利を行使したわけではなく、自己の利益のために、自己の名においてこれを行使したのだが、同時に、それを上位の支配から導き出された権利として、すなわち上位の支配による正当化《レギティマツィオーン》を伴うものとして行使した、とされる。レーン関係のこうした秩序形成作用は、むろん領邦《ラント》のレベルでも、領邦君主《ランデスヘル》のレーン高権の拡大というかたちで利用されえたが、ブルンナーによれば、領邦権力の確立にさいしては、やはり「特別の保護」の分野を中心とするラント法上の保護と庇護が大きな役割を担ったのであり、領邦君主のレーン高権は副次的な意義しかもたなかった、とされる(2)。レーン法の秩序形成作用は、ドイツではとりわけ帝国のレベルで、各領邦権力をレーン法共同体として結合することにおいて発揮されたと思われる。

いうまでもなく、上位者から授権された職務という観念は、レーン関係(ないし、広く貸与《ライエ》関係一般)においてのみ示されたわけではない。領邦権力の確立という観点からすれば、逆に、領邦君主の支配を封主としての皇帝から導き出すことをやめて、これを神から委託された職務として構成することが必要であった。神授王権(iure-divino-Königtum)の理論においては、領邦君主は神の職務執行者(Amtmann Gottes)として位置づけられる。しかし、この構成は、君主の権力を帝国への法的拘束から解放するためにある程度役立つ反面、これを神の法(ius divinum)に拘束し、そのかぎりで領邦権力の絶対主義的展開にとっての制約となった。[3] しかも、そのような拘束は、自然法論の媒介によって、領邦《ラント》の法と平和(ないし公共善《サルス・プブリカ》)を維持すべき領邦君主の——国民《ラントロイテ》から委託された職務としての——義務という観念と重なりあい、また、帝国に対するレーン法上の職務という上記の観念とも重なりあって、領邦君主の恣意的な統治を抑制した。

その反面、このような職務観念の下では、君主は自己の職務を完全に実行しうるかぎりにおいて、自己の支配の正当性を主張しうるわけである。とりわけ、公共善の重点が法と平和の維持からしだいに行政《ポリツァイ》による重商主義的諸政策の推進に移動するとともに、君主の支配が職務観念によって正当化される可能性は増大する。これに対して、君主が新たな公共善の実現という職務を果しえない場合には、その支配ないし所有権《ドミニウム》は正当性を失うことにならざるをえない。とくに、教会の所有権《ドミニウム》のように、建前としてその職務性が強調されたにもかかわらず重商主義的な意味での公共善が実現されるに至らなかった場合には、所有権《ドミニウム》そのものが疑問視され、その接収(Säkularisation)の可能性が論じられるに至るのである。[4]

教会領(Kirchengut)は古代末期以来、神の所有物として特別の保護を受け、とくに譲渡性を否認されてきた。むろん、教会領についても譲渡の必要が全くなかったわけではなく、その必要にこたえるためにカノン法は財団ないし法人の概念を構成してこれを教会領の所有者と見たのであるが、同時にその私物化を防止するために一二世紀以降聖職者独身制が強化され、また、司教や僧院長が教会領を処分するさいには参事会《カピテル》（聖職者会議）の同意を要するものとされた。さらに、一二、三世紀に強まった集権的傾向の結果、司教・僧院長の処分権は、上位の教会権力、最終的には教皇の同意にも拘束されることになった。こうして、教会領に対する司教・僧院長の支配は、職務としての性格を強めることになったのである。その反面、カトリックにおいては近世に入ってからも、教会領は教会に捧げられた聖界財団に属するゆえに世俗権力の介入を許さぬものとされた。それにもかかわらず、カトリックにおいても教会領は絶対主義的な領邦権力に対して不可侵性を主張しつづけることができたわけではない。たとえばバイエルンでは、教皇の承認の下に、ほとんど国家教会制と同様の領邦君主による教会支配が実現されたし、また、とくにバイエルンとオーストリアの影響下にある聖界諸邦（司教領）をはじめとして、帝国直属の聖界領邦もしだいに存立を脅やかされるようになった。一八世紀には、司教領を世俗支配の下に組み入れようとする各領邦君主の計画が頻繁に見られるに至る。

このような司教領の統治の不安定化の背景には、それが単なる収益権と化し、公共善を実現しえていない、という批判があった。一七八七年にザルトリ（Sartori）によって執筆された批判によれば、司教の統治の欠陥は、教育制度の不備、土地台帳の欠如と公租公課の不平等、交易に対する無関心、外国ことにローマ教皇庁への金銭の流出、多様な聖職禄の存在、聖堂参事会との共同統治(身分制的統治構造)など、世俗の領邦君主の統治との対比における後進性に存した。[5] もっとも、ザルトリは、この欠陥を克服するためには革命ないし大きな変革が必要であるとは考えず、司教領が教皇庁からも内部の等族的勢力からも解放された主権国家へと発展することのみを要望したのである。この批判の数年後に、フリードリッヒ・カール・フォン・モーザー(F. K. von Moser)は『ドイツにおける聖界諸国の統治について』において、司教国家を世俗的な選挙君主政国家に改造することを提案したが、モーザーもそのさい教会の財産を世俗国家の国有財産として接収することまで要求したわけではない。モーザーとは反対に、司教国家を世襲君主政国家に改造すべき旨を主張したシュナウベルト(Schnaubert)も、教会の所有権は個人の所有権と同様に神聖不可侵であるとした。

フランスの憲法制定議会が教会領の国有化を宣言したのは、ドイツにおいて右のような論議がなされた直後であった。フランスでは、ドイツのカトリック教会よりもはるかに国家に対して従属的な国家教会制《ガリカニスム》の下で、すでに革命前から、国家の負っている巨額の債務を教会領によって弁済する計画が検討されていたが、一七八九年八月、憲法制定議会は「教会領は国民に属する」と明言したのである。これに対して、教皇庁の影響下にあったアヴィニョンの僧院長モーリ(Maury)をはじめとする高級聖職者の多くは教会財産の不可侵を主張したが、逆にオータンの司教タレイラン=ペリゴール(Talleyrand-Périgord)のように積極的に教会財産による国家の債務弁済の必要を説いた者もあった。タレイランによれば、従来の教会領収入の三分の二を聖職者の俸給にあてることによって聖職者各個人の権利は保障しなければならないが、教会をはじめとする団体の所有権は個人の所有権とは全く異なる性格をもっており、したがって教会財産の運用は国民の監督権に服すべきものであるとされた。もっとも、タレイランも、さしあたり、そのことによって教会の所有権そのものを否定したわけではない。同様の議論は、ドイツにおいても直ちに、クリスティアン・ガルヴェ(Ch. Garve)等によって受けつがれ、しだいに教会財産の本来の所有者は国家である、とする見解が有力となった。ただし、そのさい、国家が教会財産の処分権をもつとまで主張されたわけではない。それにもかかわらず、現実は理論を乗り越えて進行し、一七九四年秋のフランス軍のラインラント占領によって司教領の接収が実行されることになった。

一七九六年八月に、プロイセンはフランスと秘密協定を結び、フランスがライン左岸のプロイセン領を併合する場合には、その代償として二つの司教領(ミュンスターとレックリングハウゼン)を併合してプロイセン領とすることについて、フランスの承認を得た。同様にしてオラーニエン家は、バンベルクとヴュルツブルクを要求した。その一年後、オーストリアもフランスと密約を結び、フランスに割譲したライン左岸の聖俗の帝国諸侯領の代償として、ザルツブルクおよびイン河とザルツァ河の間のバイエルン領を獲得することについてフランスの了解を得た。そして、一七九八年のラシュタットの講和会議において、フランスの全権は、ライン河を仏独国境とすべきこと、その結果ライン左岸の領土を失ったドイツ諸侯のために司教領の接収を認めること、を主張した。ラシュタットの会議では結局これらの要求を講和の基礎とすることになり、さらに再び戦端が開かれたのちにこれを終結させた一八〇一年二月のリュネヴィルの講和条約においても、司教領の接収が確認された。ラシュタットの会議でドイツ側の副代表をつとめたヴュルツブルクのシュタディオン(Stadion)は、接収の可否について、とりわけ帝国法上の問題として原理的な検討をすべきであると主張したが、バイエルンおよびヘッセン＝ダルムシュタットから派遣されている副代表たちは、もはや接収の可否について論ずべき段階ではなく、強者の力のみが決定を下すのだと説いた。それと同時に、フランスの外相となったタレイランの執務室において、「帝国教会の在庫一掃大売出し」がはじまったのである。

このような事態に直面して、ドイツの言論界では、多くは匿名の筆者による賛否の議論がかわされたが、そのさい、接収を支持する立場の論者が理論的根拠として援用したのが、司教領に対する帝国の上級所有権であった。上級所有権のなかには、少なくとも非常事態における処分権も含まれる、と説かれ、ラシュタットの会議以後の状態はまさに非常事態に該当する、とされたのである。実質論としては、教会領の非譲渡性は経済的進歩を阻害する、と指摘された。カノン法による教会領の譲渡禁止は、必ずや聖職者がすべての所有を独占し、その他の人々が体僕ないし日傭の身に零落する結果をもたらすであろう、これに対して臣民がその所有権を手中にするならば、福祉と文化は大幅に増進されるであろう、と説かれた。一つの物の上に帝国の上級所有権と臣民の所有権とを認めようとする態度は、帝国の上級所有権が――たとえばカントが一般に国家の上級所有権について主張したように――最高命令権、すなわちもっぱら政治的な支配権と解されるかぎりで、伝統的な分割所有権論とは異質であった。それは、司教を上級所有権者、その領民を下級所有権者として位置づける分割所有権論の前提となったヘルシャフトとしての所有権《ドミニウム》の観念に代えて、個々の臣民の経済的・私法的な所有権、物の――ヘルシャフトないし所持と結びついた利用権ではなく――実体《ズブスタンツ》の処分権としての近代的所有権概念を提示することになった。カントはすでに、「実体において何人かのものである外的対象は、その者の所有であって、その物におけるすべての権利は(実体の属性《アクツイデンツエン》のごとくに)この所有に内在し、所有者はこれらの権利を任意に処分しうる」、としているが、そのようないわゆる実体所有権(Substanzeigentum)は、教会領の所有権《ドミニウム》が否定されてはじめて、政治的・公法的要素と経済的・私法的要素の両者を含む伝統的な所有権《ドミニウム》の概念にとって代ることになるのである。

すでに一七九四年のプロイセン一般ラント法も、「所有権者《アイゲンテューマー》とは、他人を排除して、自己の力によって、みずからまたは第三者を通じて物または権利の実体《ズブスタンツ》を処分する権能を有する者をいう」(第一部第八章第一条)とする規定によって実体所有権の観念を示しており、また、「物の所有権《アイゲントゥム》、および、所有権の本質から流出する権利は、分割されているとは推定されない」(同第二二条)と規定することによって分割所有権に対する制限的な態度を示しているが、分割所有権の存在が証明されうるかぎり分割所有権そのものを否定しているわけではなく、これについて一章（第一部第一八章）を設けて、レーン関係および領主－農民（世襲借地農民）関係に適用された分割所有権概念に関して詳細な規定を置いている（プロイセンの領邦教会はむろん大幅に国家的監督の下に置かれており、したがって教会財産についての教会の権利は、すでにヘルシャフト的所有権という性格をもっていない）。こうした分割所有権の概念の維持に見られるように、一般ラント法においては、実体所有権の観念はまだ完全に定着してはいないのである。そして、何よりも、一般ラント法は、利用と結びついた具体的な所有権（既得権）によって具体的な人格を基礎づけている。「人間は政治社会において何らかの（具体的な）権利義務を有するかぎり人格《ペルゾーン》と呼ばれる」（第一部第一章第一条）のであって、一般ラント法においては、抽象的・普遍的な、自由な人格（普遍的な権利能力）の観念はまだ知られていない。むろん、この法典の起草者にとっては、自由な人格はすでによく知られた観念であった。起草者の一人、クライン[6]（E. F. Klein）は、フランス革命に触発されて一七九〇年に発表した『自由と所有権』と題する著書において、対話形式の文章によって人格の自由と所有権（既得権）の関係を縦横に論じているが、そのなかで、架空の登場人物の一人クレオンの口をかりて、「所有権が人格の自由の犠牲にされることはありえても、逆に人格の自由が所有権の犠牲になることはありえない。……それゆえ、ある国民が所有権への介入なしには人格の自由を保護しえない場合、所有権への介入は許されるのである」、と主張している。しかし、クラインは、他方において、別の登場人物クリトン（おそらく、一般ラント法の有力な起草者スヴァレツ）をしてクレオンの意見を修正させている。それによれば、法律によって許された所有権を取得した私人は国家に対してその保護を要求する権利をもつのであり、国家がその期待を裏切ることは許されない。したがって、フランスの憲法制定議会も、旧来の国制を完全に覆す権限をもたなかったのだ、とされる。このように、一般ラント法の起草者は、なお伝統的な既得権、とりわけ分割所有権に見られるようなヘルシャフト的所有権概念と、経済的処分権としての実体的所有権概念との間を動揺していたのであって、一般ラント法の所有権に関する規定も、その動揺を反映している、と見ることができる。革命を経験しないドイツにおいて伝統的な所有権概念を近代的なそれによって置き換えるためには、司教領の接収の強行と並んで、伝統的な所有秩序に対するさらに徹底した理論的批判が行なわれる必要があった。

ドイツ歴史法学の樹立者グスタフ・フーゴー(G. Hugo)は、『実定法の哲学としての自然法』[7](一七九八)において、私人の権利《ユース・プリヴァアトールム》の意味における私権ないし私的所有権をきびしく批判している。フーゴーによれば、政府《オーブリヒカイト》の下で私権が形成する諸関係は政府よりも古い起源を有するのであり、政府が形成されてからも人々は私権を放棄しようとはしなかった。それどころか、政府の権力が濫用された場合には、人々はそれから相応の権限を奪って私権に加えようとしたのであり、その結果私権の制度はいたるところに蔓延することになった、とされる。ここでフーゴーが、私権(ないし私的所有権)をヘルシャフト的なものとして理解していることは明白であろう。その上で、フーゴーはいう。「物を処分する個人の排他的権利は、他人の所有するものによってのみ辛うじて日々の生活を維持してゆける人々もこれを承認しなければならないのであるが、その不可欠のものを有する他人がそれをかれらにわかち与えようとしない場合、すなわち所有権が固執され、その結果これをもたぬ人々が死に至るほかはない場合には、まさにその権利が、かれらの生物としての存在を否定することになる」。このように、本来支配の対象となるものに対する保護の義務と結びついていた私権ないし私的所有権が保護の機能を果さず、職務《アムト》としての性格を失うとき、それは徹底的に批判されざるをえない。したがって、フーゴーによれば、「私的所有権は必要でない」、ということになる。「われわれは、私権のなかのこの部分が廃止された実例をすでに経験している。それは修道院の場合であって、そこではむろん家族関係は問題にならなかったが、家族関係がないというだけのことから修道院が存続しえたはずのものではなかった。けだし、修道院の維持発展が、全体として拒絶されたのである」。このような私的所有権批判の前提として、フーゴーは、法秩序の可変性を強調する。カントがア・プリオリな契約によって基礎づけた政治社会における観念的所有権を確定的なものと見たのに対して、フーゴーは、政治社会において現実に存在する実定的秩序を暫定的・可変的なものとするのである(歴史主義)。「いかなる個人も、そしてまたいかなる国民も、他の諸個人ないし諸国民に対して、一個の普遍的な法的状態への参加を強制する見込みがあるなどと考えることはできない。そのような分裂状態が——カントの適切な表現を借用すれば——確定的に法的だ、などということは全くできない。それでも、理性は、この分裂状態にしたがうことを、これを暫定的に法的なものとして、すなわち全く法を欠く状態に対抗する手段として尊重することを命ずるのである」。したがってフーゴーは、私権ないし私的所有権をも、一種の必要悪としてのみ承認することができた。

こうして所有秩序の全面的な可変性が指摘されるのと並行して、ドイツの各国では、いわゆる農民解放によって、領主－農民関係における分割所有権が――フランスの場合と異なり有償で――廃棄されることになる。[8] プロイセンにおけるシュタイン＝ハルデンベルクの改革を例にとれば、一八〇七年の一〇月勅令が隷農制(農場領主《グーツヘル》に対する農民の人的隷属と賦役強制)を廃止したのにひきつづいて、一八一一年の調整令およびそれについての一八一六年の布告により、農場領主の下の農民の世襲または一代限りの劣悪な耕作権(Laßrecht)が調整(Regulierung)の対象となった。世襲の場合は従来の耕作地の三分の一、一代限りの場合は二分の一を農場領主に譲渡することにより、これらの農民は残余の耕作地についての完全な所有権を取得し、農場領主の上級所有権、およびそれと結びついた保護義務は消滅することになったのである(ただし、一八一六年の布告は、調整の対象を役畜使用を伴う農民経営に限定するなど、一八一一年の調整令に比して調整の可能性を縮小した)。もっとも、このような調整によって取得した自由な土地所有権の上に資本主義的な大農経営を展開してゆくことになったのは、いうまでもなく農場領主たちであった。かれらは調整の対象とならなかった隷農を追い立てるとともに、調整によって所有権を取得した農民、および、一八二一年の銷却令によって領主《グルントヘル》への銷却とひきかえに自由な所有権を取得することになったかつての世襲借地権(Erbzinsrecht)農民の経営困難に乗じて、しだいにその所有地を併合し、農業労働者(賃労働者)を使用した大農経営(いわゆるユンカー経営)を発展させてゆくことになるのである。このようなプロイセンの発展に対して、農場領主制《グーツヘルシャフト》の存在しない西部および南部ドイツの諸国においては、調整《レグリールング》と銷却《アブレーズング》とを区別することなしに、領主《グルントヘル》に対する農民の諸負担が銷却され、自立的な中・小農経営が形成されていった。このような分割所有権の廃棄の過程において、近代的所有権概念を明確に示したのがヘーゲルである。

一八二一年の『法哲学』[9]において、ヘーゲルは、私的所有権の確立と教会領の接収との関連について、次のように指摘している。「現代においては国家によって、しばしば私的所有権が回復された。たとえば、多くの国家は、団体《ゲマインヴェーゼン》というものは結局のところ人格と同じようには所有についての権利をもたないという理由で修道院を廃止したが、これは正当である」。むろん、ヘーゲルがここで「回復」という表現を用いているのは、正確ではない。しかし、ヘーゲルにとっても、修道院(ないし教会領)の接収が国家による私的所有権の形成の典型的な例と考えられたことは、重要である。それは、所有権を支配=職務への拘束から解放し、経済的・

私法的権利として理解することを意味したから。そして、ヘーゲルによれば、私的所有権は不可分でなければならなかった。「かりに、使用の全範囲が私に属するにもかかわらず抽象的な所有権が他人に属するとすれば、当該の物は私の物として完全に私の意思によりみたされていると同時に、そのなかに私のみたすことのできない他人の空虚な意思があるということになろう。……それは、一つの絶対的矛盾の関係である。それゆえ、所有権とは、本質的に自由な、完全な所有権である」。分割所有権を否定するこのような論理は、ヘーゲルが私的所有権を抽象的な、自由な人格によって、物における人格の現存在《ダーザイン》としてとらえた結果、もたらされたものであった。ヘルシャフトと結びついた所有権が具体的な人格を基礎づけたのに対して、今や抽象的な人格が、自由にして完全な所有権を基礎づけることになったのである。[10] しかも、ヘーゲルによれば、「私の意思が現存在するものとして私にとって対象的であるためには、私はその所有を所有として譲渡しなければならない」。こうして、私的所有は同時に社会的所有となり、物の実体《ズプスタンツ》の処分権を中心とする全面的な経済的支配権としての近代的所有権概念が成立したのである。[11]

（1）　Wilhelm Ebel, Über den Leihegedanken in der deutschen Rechtsgeschichte, in: Vorträge und Forschungen, Bd. 5, 1960.

（2）　Brunner, Land und Herrschaft, S. 354 f. ただし、ラント法形成のためにレーン法が利用されえたことを指摘するものとして、たとえば、Georg Droege, Lehnrecht und Landrecht am Niederrhein und das Problem der Territorialbildung im 12. und 13. Jahrhundert, in: Aus Geschichte und Landeskunde. Festschrift für Franz Steinbach, 1960 を見よ。

(3) たとえば、Christoph Link, "Jus divinum" im deutschen Staatsdenken der Neuzeit, in: Festschrift für Ulrich Scheuner, 1973 の分析を参照。

(4) 教会領の接収に関する本文の以下の叙述は、Rudolfine Freiin von Oer, Der Eigentumsbegriff in der Säkularisationsdiskussion am Ende des alten Reiches, in: Eigentum und Verfassung (hrsg. von R. Vierhaus) による。オーアの研究を利用したものとして、村上淳一「近代的所有権概念の成立」(我妻先生追悼『私法学の新たな展開』所収)をも参照されたい。

(5) もっとも、Leo Just, Stufen und Formen des Absolutismus, in: Absolutismus (hrsg. von Walther Hubatsch) によれば、司教の統治能力の欠如を一面的に強調することは正当ではない。たしかに司教国家は軍事的には無力であったから、オーストリアやバイエルンの軍事力に依存せざるをえなかったが、国内的には、一八世紀末の各司教国家は、同時代人によって「カトリックの理念革命」と評されたほどの改革を行なった、とされる。それにもかかわらず、この種の改革は、聖界事項に関する行政と世俗事項に関するそれの分離をもたらす程度にとどまったのである。

(6) Ernst Ferdinand Klein, Freyheit und Eigentum, abgehandelt in acht Gesprächen über die Beschlüsse der Französischen Nationalversammlung, 1790. クラインを含めたドイツ啓蒙主義者の「自由と所有権」をめぐる論議を検討するものとして、Günter Birtsch, Freiheit und Eigentum. Zur Erörterung von Verfassungsfragen in der deutschen Publizistik im Zeichen der Französischen Revolution, in: Eigentum und Verfassung (hrsg. von R. Vierhaus) がある。クラインについては、なお、石部雅亮『啓蒙的絶対主義の法構造』(一九六九)九八頁以下をも参照。

(7)　Gustav Hugo, Lehrbuch des Naturrechts als einer Philosophie des positiven Rechts, besonders des PrivatRechts, 4. Aufl., 1819. その所有権論の詳細については、村上淳一「近代法体系の形成と《所有権》」を参照されたい。

(8)　いわゆる農民解放については、何よりも、Friedrich Lütge, Geschichte der deutschen Agrarverfassung vom frühen Mittelalter bis zum 19. Jahrhundert, 1963 を参照。一九世紀初頭のプロイセン改革における農民解放立法については、Norbert Habermann, Die preußische Gesetzgebung zur Herstellung eines frei verfügbaren Grundeigentums, in : Wissenschaft und Kodifikation des Privatrechts im 19. Jahrhundert (hrsg. von Helmut Coing und Walter Wilhelm), Bd. 3, 1976 がある。プロイセン改革の全体については Reinhart Koselleck, Preußen zwischen Reform und Revolution, 1967 が重要。全ドイツ的視野に立った概観としては、Werner Conze, Staat und Gesellschaft in der frührevolutionären Epoche Deutschlands, in : Entstehung des modernen souveränen Staates (hrsg. von Hofmann), 1967 が基本的な文献である。

(9)　Hegel, Grundlinien der Philosophie des Rechts, Zusatz zu § 46, §§ 62, 73.

(10)　それゆえ、Hegel, Grundlinien der Philosophie des Rechts, § 40 によれば、「権利を対人権と対物権、さらに訴権に分類することは、その他さまざまのこの種の分類と同様に、整理されていない厖大な素材に外面的秩序を与えようという当面の目的のためになされたものであった。〔したがって〕この分類は、とりわけ、家族や国家のような実質的〔＝倫理的〕関係を前提とする諸権利と、抽象的な人格のみにかかわる諸権利とをごちゃ混ぜにするものである。カントによってなされた――そしてその他の人々によっても好まれるようになった――対物権、対人権、対物的対人権という分類も、この混乱を免れない。ローマ法の基礎にある対人権と対物権の分類（訴権は裁判に関するものであって、この分類とは関係がない）がいかに見当違いで没概念的であるかを詳論するいとまはないが、人格のみが物についての権利を基礎づけること、それゆえ〔いわゆる〕対人権が本質的に対物権であることは、すでに明らかである。けだし、一般に物《ザッヘ》とは、自由にとっておよそ外的なるものの謂であり、私の身体、私の生命も物《ザッヘ》に属するのだから。それゆえ、この対物権は、人格そのものとしての〔普遍的な〕人格の権利である。ローマの対人権〔人格の法〕においては、人間は何らかの身分(status)に属するものとしてはじめて人格とされた……。それゆえローマ法においては、人格そのものでさえ――奴隷に対置される――一つの身分、状態にすぎないのである。ローマのいわゆる対人権の内容をなすものとしては、奴隷(子供もほぼ同様に扱われる)に対する権利、公民権剝奪(capitis diminutio)のほかに、〔やはり身分、状態にかかわる〕家族関係がある。カントにあっては、家族関係は対物的対人権ということになる。このように、ローマの対人権〔人格の権利〕は、人格そのものとしての〔普遍的な〕人格の権利なのではなかった。それは〔かりに人格の権利というにしても〕少なくとも特殊的な〔つまり身分に属したものとしての〕人格の権利であった……。特殊的に規定された人格の権利を、人格の普遍的権利以前に論ずることは、あべこべというほかはない……」。むろん、このような普遍的・抽象的な人格による物的権利ないし所有権の基礎づけは、身分制的・具体的な倫理性の捨象を意味すると同時に、倫理性一般の捨象(「倫理性の崩壊の形態」としての市民社会)をもたらさざるをえない。この側面がマルクスによって批判されざるをえなかったことは周知のとおりである。ヘーゲルにおける人格と所有の関係については、なお、Joachim Ritter, Person und Eigentum. Zu Hegels »Grundlinien der Philosophie des Rechts« § 34 bis 81, in: Metaphysik und Politik, 1977 を参照されたい。

(11) とくに銷却立法以降の土地の流動化については、Friedrich-Wilhelm Hennig, Die Entwicklung des Grundstücksverkehrs vom ausgehenden 18. Jahrhundert bis gegen Ende des 19. Jahrhunderts, in: Wissenschaft und Kodifikation des Privatrechts im 19. Jahrhundert (hrsg. von Helmut Coing und Walter Wilhelm), Bd. 3 がある。他方、教会領接収が土地所有秩序と社会構造に及ぼした影響につい

ては、Rudolf Morsey, Wirtschaftliche und soziale Auswirkungen der Säkularisation in Deutschland, in: Dauer und Wandel der Geschichte. Festgabe für Kurt von Raumer, 1966 がすぐれた分析を示している。

四　人権と基本権

君主と等族との交渉の結果確認された等族の良き旧き権利、ないし諸権利と諸自由(iura et libertates)が人権宣言の前史に属することは、周知のとおりである。[1] 一二一五年のマグナ・カルタはその最も早い、著名な事例であるが、大陸においても、ことに一四世紀以降、同種の協定がしばしば結ばれるようになる。一二二二年のハンガリー国王アンドレアス二世の金印勅書をはじめとして、一二八三年と八七年にはアラゴンで、一三五六年にはブラバントで、一三一一年以降バイエルンで、また一四七二年にはブランデンブルクで、君主と等族との協定が結ばれた。一五一四年にヴュルテンベルクで締結された上述のテュービンゲン協定も、これらの協定の一つにほかならない。そればかりでなく、一五一九年のカール五世の選挙にはじまるドイツ皇帝の選挙協定(Wahlkapitulation)も、皇帝による諸選帝侯の権利の確認を意味するかぎりでこれと同様の性格をもつものであった。これらの協定のなかには、たとえば一三五六年のブラバントの協定(Joyeuse Entrée)や一五一九年の皇帝選挙協定のように外来の支配者に対して等族の権利の承認を求めるために結ばれたものもあったが、マグナ・カルタを含めて、多くは等族の課税同意権(場合によってはさらに、等族の自治的な租税行政)の確認を求めるものであり、この課税同意権が諸権利と諸自由の中心に位置づけられたのである。こうした諸権利と諸自由は、それぞれの国の良き旧き法を形成すると同時にこれによって基礎づけられるものとされ、したがって良き旧き法を実現すべき裁判所の構成(同身分者による裁判の原則)およびその正当な手続は、多くの協定が強調した事項であった。

もとより、これらの協定において保障された自由は普遍的自由ではなく、所有権《ドミニウム》ないしヘルシャフトにもとづく身分制的・具体的な自由にほかならない。マグナ・カルタに示された旧き法《インヘリタンス》としてのコモン・ローによって、旧き権利《インヘリタンス》ないし生得権《バースライト》としての生命・自由・所有権(life, liberty and property)を基礎づけ、一六二八年の権利請願(Petition of Right)において指導的役割を果したエドワード・クック(E. Coke)は、所有権と人身の自由との関係について、「私は私自身の家について所有権をもつ。それにもかかわらず私の人身について自由をもたないことがありえようか」、と述べている。(2) また、ピューリタン革命においても、その重要な理論家の一人アイアトン(Ireton)は、義父のクロムウェルとともに、制限選挙権を否定する平等派《レヴェラーズ》に反対して、所有権を生命と自由の保障の前提としている。アイアトンによれば、制限選挙権の否定は所有権の保障の撤廃を意味し、無政府状態に至る道を示すものである。そこでは絶対的な自然権のみが存在し、個人からはその所有権が奪われる。自然権にもとづく大きな自由は恣意にほかならず、自己の所有権を享受する自由を政治社会の成員の実定的な権利(civil right)として保障された個人を、不自由な状態に陥れてしまう、とされるのである。平等派が所有権と自然権にもとづく生得権としての自由とを対立的にとらえ、所有権の犠牲において自由を実現しようとしたのに対して、アイアトンは、実定法《シヴィル・ロー》(政治社会の法)としての憲法の「最も基本的な部分」として所有権をとらえることにより、同時にこれを生得の権利として理解した。所有権によって基礎づけられる生命と人身についての権利も、同様にして、実定的な権利であることによって生得権としての性格を与えられたわけである。こうして、アイアトンにおいては、コモン・ローを中心とするイギリスの旧き法にもとづく所有秩序が、なお身分制的・具体的な自由を支えるものとされたのである。

このようなアイアトンの見解と対立した平等派の主張が、主権の確立をめざす国王の統治と正面から対決し、自然権という一般的原理をもって、同じく一般的な主権の原理に対抗せしめようとするものであったことは、いうまでもない。この対立は、伝統的な諸権利と諸自由の体系としての旧き法への復帰(クックおよびアイアトン)によってはもはや克服しえないものであった。一六八八年の名誉革命と八九年の権利章典(Bill of Rights)による新たな妥協が必要とされた理由は、ここにある(それゆえ、一七世紀イギリスの国制の変革は、ピューリタン革命によってではなく名誉革命によってはじめて成就されたと見るべきである)[3]。名誉革命によって確立された新たな体制を理論化したロックは、自然権を出発点としながら所有権をその犠牲に供することのない、新たな構成を提示した。すなわちロックは、前国家的実力によって取得(先占)され、担保された所有権による身分制的・具体的な自由の基礎づけを拒否し、自然権としての自由、自然的自由によって——労働を媒介として——所有権を基礎づける。むろんその自然的自由と家長の自由との境界がロックにおいてはなお不分明であること、したがって、その自由によって基礎づけられた所有権がなおヘルシャフトとの関連を保つものであったことは上述のとおりであるが、ロックは少なくとも、労働を媒介とした所有権の正当化によって諸権利と諸自由の固定的秩序を批判しえたわけである。その反面、この構成においては、自由は自然権であるにもかかわらず、もはや、労働を媒介として自由自身によって正当化された所有権を覆し、無政府状態をもたらしうるものではない。こうして所有権は、主権と自然権との原理的対立の谷間から救出された。このような再構成によって、ロックは、クックが示した生命・自由・所有権という定式を受けつぐことができたのである。名誉革命によって再編成されたイギリスの政治社会には、まさに、このような意味での生命・自由・所有権——可変的なものとして流動化された、しかしなお政治的機能との結びつきを失わない所有権の秩序[4]——を保障すべきことが期待された(固定的なコモン・ローの支配に代る議会主権の原理の形成)。

一七世紀末以降のイギリスにおいてこのようにして法の支配の観念が後退したのに対し、北アメリカのイギリス植民地では、法の支配の観念が一八世紀に入っても生きつづけていた[5]。本国の政治的変革は、植民地のイギリス人にとっては、議会政的絶対主義をもって君主政的絶対主義に置き換えたものにすぎなかったから、本国の議会がその支配を植民地に対する関係でも確立しようとしたさいに、かれらは法の支配の観念に依拠してはげしい抵抗を示したのである。もっとも、本国における法の支配がイギリスの旧き法、コモン・ローの支配を意味し、したがって生命・自由・所有権が旧き法によって保障されたイギリス人の実定的な公民権《シヴィル・ライツ》ないし公民的自由《シヴィル・リバティーズ》としてとらえられたのに対して、アメリカにおいては、法の支配は少なくとも一七七六年以降永久不変の自然法の支配と等置され、したがってすべての個人の人権《ヒューマン・ライツ》としての生命・自由・所有権(ないし幸福追求の権利)が保障されるべきである、と考えられるようになった。ヴァージニアの権利章典、独立宣言、その後の各州の憲法における権利章典は、そのような人権の保障を明言したことによって、近代的な人権宣言の冒頭に位置づけられるのである。

植民地の政治的指導者たちが本国の権利宣言の歴史とクックからロックに至る思想的発展を熟知していたにとどまらず、プーフェンドルフやヴォルフの自然法論にも通暁していたことは、よく知られている。しかし、ヨーロッパ大陸の自然法論者にとって理念ないし仮説にとどまった自然状態における人間の自由が、アメリカではそのまま——たとえばイギリス人の公民権としての限定を受けることなく——人権として実定化されえた理由については、議論がある。かつてイェリネク(Jellinek)は、植民地における信教の自由の確立から普遍的な人権の承認がもたらされた、と説いた。(6) それによれば、一六三六年にロジャー・ウィリアムズ(Roger Williams)がロード・アイランドのプロヴィデンスにおいて組織した政治共同体が信教の自由を生得の権利として承認したのをはじめとして、いくつもの植民集落において信教の自由が確認され、この普遍的人権と並んでその他の諸権利もしだいに不可侵の人権と認められるようになった、とされる。しかし、このようなイェリネクの説には、その後疑問が提出されている。たとえばフォスラー(Vossler)によれば、ロジャー・ウィリアムズは国家の領域と内面的な信仰の領域を峻別することによって、何人も信仰上の理由により国家への服従を拒みえないと説いたのであり、したがって国家権力によって侵されえない信教の自由を主張したわけではなく、むしろ国家権力の全能を正当化したのだ、とされる。(7) さらに、フォスラーは、かりにロジャー・ウィリアムズがイェリネクの説くとおり信教の自由を人権として承認したとしても、それが実際に不可侵の人権として法律上承認されたのは一七七六年になってからのことであり、しかも、ヴァージニアの権利章典においても、信教の自由はジェイムズ・マディソン(James Madison)の要求によって、ジョージ・メイソン(George Mason)の起草した原案の末尾部分で確立されたにすぎない、と指摘する。フォスラーがこのような根拠によってイェリネクの見解を批判したのは一九三〇年のことであるが、このフォスラーの批判は、エストライヒ(Oestreich)やハンス・マイヤー(H. Maier)の最近の著書によっても基本的に支持されている。

なお、フォスラーは、植民地において人権の保障が宣言されえたことの理由として、イェリネクの説に代えてかれ自身の解釈を示している。それによれば、イギリス本国においては議会主権の確立とともに、実定法が自然法を内在させ、それゆえ効力を示しうるとする思考が後退していったのに対して、植民地ではまさにそのような意味での法の支配の観念が維持されていた。植民地のイギリス人にとって、イギリスの法が保障する生命・自由・所有権は同時に自然権であり、人権であった。そのことは、たとえば一七七二年のボストンのタウン・ミーティングにおける権利宣言をはじめとして権利章典の前史に属するさまざまの植民集落の権利宣言に示されており、そこでは勅許状《チャーター》およびイギリスの法および自然法がつねに援用されているが、独立を求めて立ち上ったのちには当然のことながらもはや勅許状とイギリス法の援用は見られなくなり、自然法だけが残されることになる。それゆえフォスラーによれば、アメリカの各権利章典(および独立宣言)は、イギリスの旧き諸権利と諸自由を受けつぎながら、独立という外的事情によって、自然法のみによりこれを正当化し、人権として提示することになったものである、とされる。むろん、イギリスの旧き諸権利と諸自由がそのままで――たとえば、ヘルシャフトとしての所有権の保障がそのままで――アメリカに受けつがれたわけではなく、少なくともロックの再構成を経たものが普遍的な人権として宣言されることになったと見るべきであろう。ハンス＝クリストフ・シュレーダー(Hans-Christoph Schröder)は、さらに進んで、ロックが生命・自由・資産《エステイツ》を合して所有権《プロパテイ》と呼んでいる(そのことは、ロックの所有権がなおヘルシャフトないし政治的自立性との関連を保っていることを裏づける一つの根拠とみなされよう)のに対して、植民地では、所有権《プロパティ》の語が生命と自由を含めた包括的意味で用いられることはなく、より狭く具体的な物質的意味で用いられた、と指摘している。[8] 一七六五年のニューバリーポートのタウン・ミーティングが代表者に与えた指示のなかで、「自由は――そして生命さえも――所有《プロパティ》あればこそこれを享受することができるのであって、所有がなければ何の価値もないものである」と言うとき、それは、もはやヘルシャフト的所有権による具体的な自由の基礎づけを示唆するものではなく、一般的な自由の享受を財産《プロパティ》の有無にかからしめる態度を示すものであった。

アメリカの各権利章典(および独立宣言)に示されたこのような人権の観念が一七八九年八月二六日のフランス人権宣言、すなわち「人および公民の権利の宣言」(Déclaration des droits de l'homme et du citoyen)に影響を及ぼしたことは、しばしば指摘されている。もっとも、パリ駐在アメリカ公使であったジェファーソン(Jefferson)の、人権宣言の提案者ラファイエット(Lafayette)に対する個別的・具体的な影響は、過大評価されてはならない。[9] ジェファーソンがその故国ヴァージニアにおいて権利章典成立前に起草した憲法草案には自然権の観念は示されておらず、また、かれがパリにおいて八九年七月はじめにフランス人のために起草した権利章典(Charter of Rights)も、人権宣言の形式をとらずに、国王と全国身分制議会との協定として構想されているのである。他方において、アンシャン・レジームのフランスにおいても、重農主義者、ことにミラボー(Mirabeau)が自然権《ドロワ・ナチュレル》の観念によって人間の自由な経済活動を正当化しようとしたが、そのミラボーも、基本権(droits fondamentaux)の概念を用いることによって、君主と等族との協定の所産としての基本法(leges fundamentales, lois fondamentaux)すなわち伝統的な法秩序と、自然権とを結びつけた。[10] その結果、アンシャン・レジームにおける自然権の観念は、既得権ないし「名誉と自由と所有権」を保障しようとする各パルルマンの態度を正当化することにもなったのである。それゆえ、革命における「封建制度の完全な破壊」、ヘルシャフトと結びついた所有権ないし既得権の否定をまってはじめて、自然権としての人権の明確な宣言が可能になったと見るべきであろう。人権宣言に大きな思想的影響を及ぼしたとされるシエイエス(Sieyès)は、『第三身分とは何か』(一七八九)において、「人は特権によって自由なのではなく、すべての者が有する権利によって自由なのである」、と述べている。そこでは、特権と権利一般との峻別によって、身分制的・具体的な所有権による具体的な諸自由の基礎づけの可能性が排除され、「すべての者が有する」抽象的な権利＝人権によって抽象的な自由が基礎づけられるのである。もとより、「すべての者が有する権利」という観念は自然的自由の観念によって支えられているのであり、「すべての者が有する権利によって自由である」というのは、一種の循環論法にほかならない。シエイエスにおいて重要なのは、「人は特権によって自由なのではない」という指摘なのである。[11] もっとも、自然権としての人権を認めるシエイエスにあっても、カントの場合と同様に、能動的公民として政治社会を担いうるのは自立性を主張しうる者、すなわち自権者に限定される。「いかなる種類のものであろうと、限界のない自由または権利はありえない。あらゆる国において、法律は、選挙人または被選挙人になりうるための一定の資格を定めている」。たとえば一定の年齢に達しない者、婦人、浮浪者や乞食、僕婢《ドメスティック》その他主人《メートル》に依存するすべての者、帰化しない外国人などは、そのような資格をもつ者とは認められない。このような区別を前提として、八九年の「人および公民の権利の宣言」(および九一年の憲法)は、「すべての公民《シトワヤン》」のみに、立法に協力する権利を認め、[12]他方ですべての人《オム》に、自由・所有権・安全・圧制への抵抗を自然権として承認した。そのさい、公民の自立性は、なお家長の自立性の延長上に——ただし、もはや家長の所有権(既得権)ではなく、第三身分に属する家長の社会的機能にもとづくものとして——とらえられる(シェイエス)。その反面、公民から区別された人《オム》の普遍的人権は、歴史的＝実定的な基本権(droits fondamentaux)としても正当化される可能性を、全く失ったわけである。

旧き法ないし基本法(lois fondamentaux)によって基礎づけられた諸権利と諸自由が歴史的な前国家性・不可侵性を主張しえたのに対して、純粋な自然権として把握された人権(自由・所有権・安全・圧制への抵抗)は、もっぱら論理的な前国家性・不可侵性を主張しうるものであった。むろん、自立的なヘルシャフトの権利の確認という前史なしには自然権としての人権の観念も生まれなかったと見ることができるかぎりで、両者の間に連続性を認めることも不可能ではない。しかし、今や歴史的な前国家性との関連を失い、単に論理的な前国家性を主張しうるにすぎないものとなった人権が、国家権力に対してどれだけの抵抗力を示しうるかが問われることになるのである。自然状態が現実に存在したともいえるアメリカにおいてこの問題が重要な意味をもたなかったのに対して、一旦絶対主義的な国家権力の形成を見たフランスにおいては、中間権力の諸特権に対する批判の上に個人の権利として宣言された人権が、直ちに国家権力に対して譲歩せざるをえない状況を迎える。すなわち、九一年の憲法につづいて九三年、九五年の憲法が平等・自由・安全・所有権を自然権として保障したのちに、ナポレオンの統治の下で制定された九九年の憲法はすでに人権についての規定を含まず、第七章「一般的規定」において官吏等に対する禁止の反射的効果として国民の利益をある程度保護しているにすぎない。さらに、王政復古ののち一八一四年六月に欽定された憲章(Charte constitutionelle)は、フランス人の公権(Droit public des Français)なる標題の下に国民のさまざまの権利を規定しているが、それはもはや前国家的自然権として正当化されてはいず、実定的な権利[13]として定立されたものとしての性格を与えられているのである。

同様の変化は、ドイツにおいても認められる[14]。普遍的な人権宣言を行なうことがなかったドイツにおいても、既得権に対する法的保護を手がかりとしてしだいに自然的自由が法的保護の対象となり、国家権力の行使を法的に限界づけはじめたことは上述のとおりであるが、一九世紀初頭に既得権の体系としての伝統的所有秩序が崩壊するや否や、自然的自由ないし自然権の実現の可能性は消滅する。フランスの一八一四年の憲章《シャルト》の影響下にまとめられた一八一五年六月八日のドイツ同盟規約第一八条は、各加盟国の臣民《ウンターターネン》のために諸権利を約束(zusichern)しているが、内容的にもヴィルヘルム・フォン・フンボルト(W. von Humboldt)の起草になるプロイセン原案に比してはるかに後退したこれらの権利が約束されているということは、この規約が前国家的な権利を確認するという立場をとらずに、みずからこれを実定的に創設する態度を示したことを物語っている。さらに臣民の権利(Untertanenrechte)という表現も、各加盟国の主権を尊重するために、「ドイツ人の公民権」(deutsche Bürgerrechte)という――当時公民《シトワヤン》を連想させるものとして受け取られた――表現を排除して意識的に選ばれたものであった。それぞれの加盟国の憲法においては、臣民の権利という表現のほかに、国民《シュターツビュルガー》の権利関係、国民の権利等々の表現が用いられており、[15]自然権を連想させる表現、とりわけ人権(Menschen-rechte)という語の使用は避けられている。公民権《ビュルガーレヒテ》の語も、ごく例外的に見られるにすぎない。多くの加盟国憲法においては、これらの権利は憲法によって付与《ゲヴェーレン》され(バイエルン、ザクセン等)、または約束《ツージッヒエルン》された(ヘッセン太公国)。もっとも、ヴュルテンベルク公国のように、君主と等族との二元的権力構造がほぼそのまま存続し、良き旧き権利が憲法上確認された例もなかったわけではない。しかし、そのようなケースは、むしろ例外であった。多くの加盟国では国家に対抗する社会の自律性は弱まってゆき、国家が臣民に権利を付与し、これを保障することになったのである。このような展開ののちに、一八四九年のフランクフルト憲法が、はじめて「ドイツ国民の基本権」(Grundrechte des deutschen Volkes)という表現を用いることになる。むろん、この基本権の概念は、アンシャン・レジーム末期のフランスで用いられた上記の基本権(droits fondamentaux)と同一ではない。それは、普遍的な人権の語を採用すべきか否かの論争に結論を出すことなく妥協を成立させるため、国民の権利をその機能の側面からとらえたものであった。したがって、基本権の語は、前国家的正当化の可能性を当然に排除するものではないが、逆に個人の権利の保障を国家目的とすべきことを要請するものでもないのであって、そのかぎりで、アメリカおよび(大革命時の)フランスの人権の観念とは質的に異なる、実定的な性格を示すものであった。

(1)　人権宣言の前史については、とりわけ歴史学者の考察を参照すべきである。すぐれた概観として、Gerhard Oestreich, Geschichte der Menschenrechte und Grundfreiheiten im Umriß, 1968 がある。やはり歴史家の手になる要を得た叙述として、Hans Maier, Die Grundrechte des Menschen im modernen Staat, 1973; Gerd Kleinheyer, Artikel "Grundrechte", in: Geschichtliche Grundbegriffe, Bd. 2 を参照されたい。経済発展の担い手の変化と対応させながら「基本的人権」の成立・展開を論ずるものとしては、高柳信一「近代国家における基本的人権」(東京大学社会科学研究所編『基本的人権の研究㈠総論』所収)がある。

（2） 一七世紀前半のイギリスにおける生命・自由・所有権をめぐる論議については、前註所引の一般的文献のほか、とくに、Josef Bohatec, Die Vorgeschichte der Menschen- und Bürgerrechte in der englischen Publizistik der ersten Hälfte des 17. Jahrhunderts, in: Zur Geschichte der Erklärung der Menschenrechte (hrsg. von Roman Schnur), 1964 による。

（3） たとえば、W. Conze, Staat und Gesellschaft in der frührevolutionären Epoche Deutschlands における以下のごとき指摘を見よ。「一六八九年以降、政府党と反対党との交替によって、または各党派《フラクションズ》の力を反映することによって、政府《ガヴァメント》は社会《ソサエティ》の執行機関となった。この社会は、古典的な理論に対応して、依然として政治的権利を有する者のみから成るものであり、議会という制度に代表《レプレゼンティーレン》されていたのである。こうして、国家と社会の緊張関係は解消され、その緊張関係は産業革命と一九世紀社会運動の渦中においてさえつねに回避された。けだし、《憲法による政府》が維持され、民主化されつつある社会自体の内部でもろもろの対立が解決され、形式的には同一でありながら内容的には変化してゆく憲法の枠組が尊重されたからである。こうしてイギリスでは、政治社会は——自己に対立する国家というものを克服する必要なしに——一歩一歩拡大され、解放されていったのである。イギリスにおいては、特徴的なことに、大陸諸国の場合とは違って《国家》という語が広く用いられるには至らず、また、《社会》もフランスやドイツにおけるほど徹底した語義変化を示すことがなかった。一七世紀の国家的危機が克服されたのち、伝統的な《政治社会《ソキエタス・キヴィリス》》から近代民主社会への移行は漸次的に、断絶を伴わずに進行した。《社会》が長期に亙って有効な標語として国家に対置されるということはなかったのである」。なお、成瀬治「一七・八世紀イギリスの《国家》と《社会》」(柴田三千雄＝松浦高嶺編『近代イギリス史の再検討』所収)をも参照。

（4） W. Blackstone, Commentaries on the Laws of England, 1765 は、イギリス人の絶対的権利(安全権、自由権、私的所有権)が最終的には反抗《レジスタンス》と自己保存の自然権によって担保されるものであることを強調する。庶民院はまさにそのような所有権《プロパティ》の代表として王権に対抗すると同時に、所有権《プロパティ》としての官職の供与を手段とする王権の側からの操作の対象となったのであって、そのような対抗＝依存関係から一元的な議会制的君主政が形成されていったわけである。

(5) アメリカにおける人権宣言の歴史、およびその前史に関しては、とくに Otto Vossler, Studien zur Erklärung der Menschenrechte, in: Zur Geschichte der Erklärung der Menschenrechte を参照。日本における研究としては、種谷春洋『アメリカ人権宣言史論』(一九七一)がある。

(6) Georg Jellinek, Die Erklärung der Menschen- und Bürgerrechte, 1895 (auch in: Zur Geschichte der Erklärung der Menschenrechte).

(7) Vossler, a. a. O. ただしこの点は、種谷氏の前掲研究によって批判されている。

(8) Hans-Christoph Schröder, Das Eigentumsproblem in den Auseinandersetzungen um die Verfassung von Massachusetts, 1775–1787, in: Eigentum und Verfassung (hrsg. von R. Vierhaus).

(9) この点についても、Vossler, a. a. O. を見よ。なお、Oestreich, a. a. O., S. 68 ff. をも参照。

(10) Oestreich, a. a. O., S. 64 ff.

(11) 稲本洋之助「一七八九年の《人および市民の権利の宣言》」(東京大学社会科学研究所編『基本的人権の研究(三)歴史(2)』所収)は、シエイエスにおける所有《プロプリエテ》の観念を検討して、シエイエスにおいては「所有」が「自由」の帰結ではなく前提であった、と指摘する。しかし、シエイエスが——ロックと同様に——出発点とした自己の人身についての所有権は、人間の自然的自由によって基礎づけられたものなのであり、この始源的所有権が労働を媒介として物の上に及ぼされてゆくのであって、シエイエスにおいても論理は自然的自由から所有権に向けて展開される、と見るべきであろう。

(12) 立法への参加・協力の態様(政治意思形成の態様)は、むろん単一ではない。フランス革命自体においても、革命の進展に伴い、議会制的君主政に傾斜した九一年憲法、王政崩壊後に普通選挙制を採用した九三年憲法(モンタニャール憲法)、恐怖政治終了後の九五年憲法(執政府憲法)、ナポレオンの九九年憲法(統領府憲法)において、それぞれ特徴的な方式が認められている(山口俊夫『概説フランス法(上)』五二頁以下参照)。それにもかかわらず、フランス革命における政治意思形成の構造をイギリスおよびアメリカの場合と明確に対比するものとして、Jürgen Habermas, Naturrecht und Revolution, in: Theorie und Praxis. Sozialphilosophische Studien, 1963(細谷貞雄訳『社会哲学論集——政治における理論と実践(一)』)を見よ。ハーバーマスはいう。「自然法の自由主義的な構成においては、基本権は、前国家的に形成された社会関係《フェアケーア》に対応するものであった。この社会関係は自然状態または自然成長的社会によって実質を与えられたものであり、その実質が、政治秩序の枠組が出来上ってからも、そのまま維持されているのである。政治秩序は、この実質を保存することを唯一の目的としているともいえよう。こうした事情の下では、さまざまの自然権を実現する任務を政府に委任し、その委任を撤回できるようにしておけば足りる。社会の成員は、政府を設置して、それが信頼にこたえて活動しているかどうかを吟味しうる立場を留保する。これが、アメリカ独立宣言が《被治者の同意》として定義した唯一の政治意思形成行為であった。そこでは、政治的意思形成の継続的遂行をめざしてたえず働きかけることは、不必要であった。この働きは、ルソーが国民の主権によって基礎づけた《すべての者の参加行為》にほかならないが、それは、制度化された基本権が、前国家的な実質を維持しさえすればよいというのではなく、何らかの自然的原理そのものによって組織された一つの全体構造を——堕落せる社会関係に対抗して——創造し、貫徹し、堅持しなければならないということになってはじめて、義務的なものとなったのである。そのためには、全能の政治権力が必要であり、したがってまた、この政治権力を、不断にはたらく政治的意思へと民主的に統合してゆくことが必要であった」。このようなハーバーマスの指摘については、「全能の政治権力」と対峙することになる人権がもっぱら論理的な前国家性のみを主張しうること、歴史的な前国家性を特色とする「自然法の自由主義的構成」から出発した場合にこそ国家権力そのものが個人（公民）の自由との調和において把握されえたこと（五一頁参照）、を補足しておかなければならない。

(13)　いうまでもなく、この「実定性」は定立可能性・可変性を意味するものであり、旧き法の固定性の意味における実定性とは対立するものである。

(14)　人権概念の実定的把握の進行については、本文で述べたフランスにおける展開をも含めて、Kleinheyer, a. a. O. の指摘を見よ。なお、奥平康弘「ドイツの《基本権》観念」（東京大学社会科学研究所編『基本的人権の研究(三)歴史(2)』所収）がある。

(15)　カントの Staatsbürger がまさに公民《シトワヤン》に対応する概念だったのに対して、ここでは、国民《シュターツビュルガー》は単に国籍を有する者を意味するにすぎない。公民《シトワヤン》に対応するのはむしろ Bürger という語なのである。したがって、経済社会としての市民社会の構成者たる homo oeconomicus を指すために、ヘーゲルは、ビュルガーというドイツ語をブルジョワというフランス語の意味で用いることを断らなければならなかった。これらの概念の歴史については、Manfred Riedel, Artikel "Bürger, Staatsbürger, Bürgertum", in: Geschichtliche Grundbegriffe, Bd. 1 を見よ。

第三章　私法と公法

一　法と行政

いわゆる中世的法観念、良き旧き法の観念が、中世中期以降広く展開され、近世に入っても絶対主義の貫徹を阻害しつづけたことは、すでにさまざまの角度から見たとおりである。しかし、他方において、ことに中世中期以降、立法による新たな法の定立がしだいに広範かつ頻繁に見られるようになったことは、いうまでもない[1]。まず、都市のレベルでは、一一、一二世紀以降、当初は一部の市民の合意によって、のちには市民共同体の合意によって条例(Willkür, Satzung)が制定された。むろん、(良き旧き)法とはちがって、条例の場合、その効力は明らかに合意の当事者の自己拘束にもとづくものであり、したがって条例は本来当事者相互間でのみ効力を有したのである。しかし、条例の制定権限がしだいに都市参事会に集中され、市民共同体の関与が見られなくなるに及んで、条例は合意ではなく命令によって定立された規範としての性格を強めていった。それにもかかわらず、任意の内容の規範の定立が可能であると考えられたわけではなく、多くの場合、伝統的な法が参事会の制定する条例の内容と権威を基礎づけたのである。このようにして、条例によって定立された規範は、(良き旧き)法を修正しつつもこれと融合してゆくことになった。

他方においてラントのレベルでも、一二世紀末から一三世紀に入って、君侯の立法による新たな法定立を認める理論が展開された。その手がかりとなったのは、一一世紀の教会において形成された教皇の立法権の理論である。(2) とくに一三世紀以降の教会法学においては、法《レークス》は一回的な判決・決定から区別され、永続性と一般的通用力を特徴とするものとしてとらえられるようになったが、そのような法《レークス》の観念を前提とする立法権の理論が皇帝を頂点とする世俗世界にも拡張され、世俗の支配者をも法維持者(custos legum)ではなく法制定者(conditor legum)としてとらえる傾向が出現したのである。しかし、教皇の立法権が実際には教会会議との合意によって、神の法ないし自然法の枠内で行使されたにすぎなかったのと同様に、世俗の支配者も、理論的には排他的な権限とされた立法権を実際には等族の同意を得てのみ行使することができた。そのことは、帝国レベルで、皇帝の立法について指摘されうるだけではない。(3) ブルンナーの説くように、一三世紀以降太公ないしそれに準ずる支配者がそれぞれの支配領域をラント法的統一体へと転化させ、ことに新たに登場した諸権力が自己の支配領域の上にグラーフ的諸権利を行なうことによってラント法的統一体を形成したとすれば、そのさいこれらの君侯《ランデスヘル》が新たな法を定立することは不可避であった。まさに一三世紀において世俗支配者の立法権の理論が確立された理由は、ここにある。それにもかかわらず、この立法権がラント法共同体の形成を目的として行使された以上、それは旧き法を修正すると同時にみずからをラントの良き旧き法として正当化することになったのであって、手続的には国民《ラントロイテ》の同意が立法権行使の不可欠の要件であった。一二三一年の(帝国会議による)帝国判告(Reichsweistum)が、君侯の立法権行使による新たな法の定立にラントの実力者(meliores et maiores terrae)の同意を必要としているのは、このような事情を示すものである。実際に、たとえばボヘミア国王としてのカール四世が一四世紀中葉に新たな法典の制定を試みたさいに、この法典が伝来の慣習法と制定法を含むものにすぎない旨を強調したにもかかわらずボヘミアの等族の同意を得るに至らず、結局法典編纂を断念せざるをえなかった例が知られている。(4) そのさい、国王が立法権を有するという理論を救うために、すでに完成し国王の押印まで済んだ新たな法典が焼失してしまったので旧き法を通用させる以外に方法がなくなった、という作為的な説明がなされたのである。

このような理論と現実の乖離を克服する努力は、近世に入って、とくに帝国の立法に関連して示された。(5) 一三五六年の金印勅書は、実際には皇帝と各選帝侯の合意にもとづくものであるにもかかわらず皇帝の立法権行使の所産であるとされたが、一五一九年にカール五世は帝国の法律を帝国等族の助言《ラート》を得て制定すべきことを約し、独断的な立法を行なわないことを誓っている。この助言《ラート》はのちに同意《コンセンスス》によって置き換えられ、ヴェストファーレン条約においては、新たな法の制定または旧き法の解釈にさいして皇帝が等族の同意に拘束されるべきことが確認された。手続上は、帝国の立法にさいしては、まず皇帝によって——のちには選帝侯の同意を得て——召集された帝国議会《ライヒスターク》に皇帝の提案が提出され、これにもとづいて帝国議会が採択した帝国意見(consultum imperii, Reichsgutachten)が皇帝に送られる。皇帝は直ちにこれを承認するか否かを決定し、承認の場合はこの帝国意見を帝国決議(conclusum imperii, Reichsschluß)として布告する、という過程がとられた。一五世紀中葉以降は、もろもろの帝国決議はその帝国議会の最終決定(recessus imperii, Reichsabschied)としてまとめられたが、この最終決定は、皇帝の裁可文言ではじまり、原則として等族の承認宣言をもって結ばれた。このような手続と形式から明らかなように、近世の帝国における立法は、基本的に皇帝と帝国等族との協定として、法共同体としての帝国の存続に資するものであった。

　これに対して領邦のレベルでは、とくにヴェストファーレン条約以後、君主の立法権が強調されることになった。絶対主義的権力の確立をめざす君主の努力にもかかわらず領邦議会《ラントターク》がなおその機能を失っていないところでは、立法はその同意を要するものと要しないものとに分類される。たとえば、一七五五年のメクレンブルク＝シュヴェリーン公とその等族との協定によれば、領邦の法令は、直轄権域《カンマーグート》とその住民、および官吏に関するもの(つまり、「特別の保護」

の領域）と、等族ないし国《ラント》全体に関するもの（「一般的保護」の領域）とに分けられ、前者については君主が任意の命令ないし法律を制定しうるのに対して、後者については、それが等族の既得権その他の権益に介入するものである場合には領邦議会の明示的な同意を要し、国《ラント》全体にかかわるにとどまる場合には単に領邦議会の審議を経ることを要するものとされた。それに対して、たとえば一七世紀末以降のプロイセンのように絶対主義的な統治機構の整備が進行し、領邦議会がもはや機能しなくなったところでは、立法は臣民一般に対する君主の命令にほかならぬものとして理解されることになる。むろんその場合にも、君主が全く任意の内容の立法を恣意的に行ないうると考えられたわけではない。自然法は神の法との結びつきをしだいに弱めながらも君主の立法権を正当化する役割を果し、したがってまたこれを限界づけた。また、公共善の実現という目的も、その重心を伝統的＝身分制的な法秩序・平和秩序の維持からしだいに重商主義的財政・経済政策に移しながら、君主の立法権を基礎づけると同時に制約した。

周知のように、ホッブスは、法を命令《コマンド》として、すなわち擬制的な人格たる国家のためになされた主権的支配者の意思表明としてとらえた(6)。ホッブスによれば、自然法も旧き慣習も国家の承認にもとづいてのみ拘束力を有しうるにすぎない。それゆえ、ホッブスは、「真理ではなく権威が法をつくる」と説くことができたのである。伝統的な法秩序に対するこのような批判ののちに、ロックは、議会が立法権を手中に収め、議会主権の原理が伝統的なコモン・ローの支配にとって代ったことを前提として、立法権の正当化と限界を生命・自由・所有権の維持に求めたわけである。他方大陸では、法はホッブスの意味において権威により基礎づけられるものと説かれるには至らない。立法権を主権概念の中心に据えた上で、主権者としての君主はみずから定めた法律に拘束されないのみならず、公共善の実現のために諸特権に介入しうるとしたボダンにあっても、君主の立法権はまさにその公共善という目的による制約、そしてまた神の法ないし自然法による制約を免れないものであった。(7) 同様のことは、自然法が神の法との関連を弱めたドイツの自然法学説についても指摘できる。プーフェンドルフによれば、実定法は自然法の具体化にほかならぬものとされ、それゆえ立法者の命令としての実定法に服すべきことは自然法によって正当化された。ヴォルフにおいても実定法と自然法とは内容的に同一であり、両者の間には、自然法が実定的な立法ないし人間の行為一般を導くべきものであるのに対して実定法は自然法の拘束力を強めるという関係がある、とされる。実定法の拘束力は、それが支配者の意思にもとづいて定立されたものであることに由来するが、自然法に反する不正な法律については臣民は遵守の義務を負わず、ただ、そのような法律も君主により強制されうるにすぎない、とされるのである。実定法が命令としての性格をもつことを強調し、これを倫理的な束縛としての自然法に対置したトマジウスにおいてさえ、君主の制定法が公共善の実現という目的に拘束されるかぎりにおいて、恣意的な立法は許されない、とされた。

ところで、ここに注目を要するのは、公共善の実現という立法の目的が同時に行政《ポリツァイ》の目的でもあった、ということである。伝統的な政治社会の自己保存能力が衰退した近世初頭以降に展開される領邦君主の行政《ポリツァイ》は、とりわけ領邦君主の立法権行使の成果としての行政条令(Polizei-ordnung)ないし領邦条令(Landesordnung)によって、新たな秩序形成の任務を果すことになるのである。[8] もっとも、公共善の観念が本来伝統的な法秩序・平和秩序と関連するものであったことから明らかなように、初期の行政条令は良き旧き法の伝統と全面的に対立するものではなかった。たとえば一五三〇年、四八年、七七年の帝国行政条令(Reichspolizeiordnung)は、ヴォルムスの永久ラント平和令(一四九五)が実現を意図した相対的な安定の上に、とくに刑事法的規律によって領邦君主が平和秩序維持の任務を引き受けてゆくことをめざすものであった。[9] その目的を実現するために、これらの帝国行政条令は、一五三二年のカール五世刑事裁判令によってカヴァーされない新たな犯罪について、領邦君主が依拠すべき刑罰規定を置いている。たとえば衣服についての身分的規制、洗礼や婚礼や葬儀等の儀礼が華美に流れることの禁止、瀆神や呪詛、姦通や売春の処罰等々、伝統的秩序の崩壊を阻止するための諸規定のほかに、文書・図画による誹謗、(とくに後見人の)背任、破産者の逃亡、詐欺、暴利行為、食品への混ぜ物等の新しい犯罪が処罰の対象とされているのである。その反面、これらの帝国行政条令はやはり平和秩序を維持するための刑事法的規律を主とするものであり、のちの領邦行政条令のように行政法規を含むものではなかったし、また、私法的な問題の規律に及ぶこともほとんどなかった。

これに対して領邦の行政条令は、刑事法的規律にとどまらず、多くの行政上の事項を規律するとともに私人の生活領域への介入を強めてゆく。すなわち、一六、一七世紀にさまざまの事項について、さまざまの名称で(Hofordnung, Kammerordnung, Gerichtsordnung, Akziseordnung, Forstordnung, Bergordnung, Handwerksordnung, Kirchenordnung 等)制定された領邦行政条令は、行政機構(および司法機構)の整備によって平和秩序の維持という任務を領邦君主の手に集中し、さらに領邦君主の合理的な財政と経済政策の展開を可能にした。そのことによって、これらの行政条令は、法共同体としてのラントの解体を推進することになったのである。そのさい、行政条令による規律は、しだいに「私法的」な事項にまで及んでいった。もっとも、そのことによって直ちに私法の近代化ともいうべき現象を生じたわけではない。具体的な既得権の体系としての――すなわち、政治的・公法的要素と不可分に結びついた私人《ユース・プリヴァトールム》の権利の体系としての――私法的な領域において、領邦行政条令は、継受されたローマ法の画一性に対抗して具体的・特殊的な規律を重視する傾向を示した。むろん、継受されたローマ法も、一七世紀以降、いわゆるパンデクテンの現代的慣用(usus modernus Pandectarum)によって近世の社会的現実に適合するように変容せしめられたのであるが、領邦の行政条令はそれと並んで、そしてそれ以上に、私法的秩序の相対化を促すことになったわけである。他面において、継受されたローマ法(いわゆる普通法《ゲマイネス・レヒト》)が――当初は農民をはじめとする国民《ラントロイテ》によって良き旧き法を破壊するものとして非難されたにもかかわらず——現代的慣用による修正の結果しだいにラントの法秩序の一部と見られるようになったのに対して、行政条令によって定立された法規範は、容易に法《レヒト》として認知されるに至らなかった。たしかに、行政条令による具体的・特殊的な規律は普通法に比して地方的な法的伝統をよりよく顧慮するものでありえたが、同時にそれは、可変的・流動的な法定立をめざすことによって、固定的・停滞的な良き旧き法(およびそれを同化しえたかぎりでの普通法)と対立することになった。それゆえ、行政条令による法定立は、さしあたり法《レヒト》の外の(rechtsfrei な)分野で行なわれるものとして理解されたのである。

むろん、行政条令による法定立のこのような限界は、同時に行政条令にとっての可能性を示唆するものでもあった。法《レヒト》ではなく単なる命令《オルドヌング》にすぎないということによって、行政条令は普通法をも含む伝統的な法よりもはるかに効果的な規律を行なうことができたのであり、やがて命令《オルドヌング》が法《レヒト》に優越するという観念、命令こそが新たな法の源であるという観念さえ生み出されることになる。エーベルによれば[10]、すでに一六世紀の領邦行政条令において、命令によって定立された新たな法規範と旧き法との境界は不鮮明なものであった。「世情不穏な一六世紀において暴利行為や詐欺を防止するためにパンや穀物や家畜の取引が行政的《ポリツアイリツヒ》に規制されたさいに、売買の実体法も影響を受けずにはすまなかった。厖大な損害《ラエジオ・エノルミス》(売買の目的物の価値と価格との異常に大きな食い違い)が契約の無効または取消の原因とされたり、家畜の瑕疵についての責任に関して同様の観点からの規律がなされたりしたのである。僕婢や職人や鉱夫の労働関係が福祉行政の立場から条令によって規律されたさいにも、その規律は実体法に及んだ。……刑事法もまた、命令の違反に対する多くの処罰規定によってその外観と本質を変えるに至った。窃盗とか殺人とか傷害などの古典的な犯罪についてさえ、刑事法は、少なくとも予備手続と事後手続に関して、そしてまた刑罰の程度と種類に関して、大幅に行政《ポリツァイ》的な観点からとらえられることになった。詐欺や背任や瀆職といった新しい罪もこうした命令によって基礎づけられたのであり、法律家がこれをローマ法によって理論化したのであった」(エーベル)。こうして、命令による法定立はしだいに法の発展において中心的な役割を担うことになった。「ここから、すべての法は立法の所産であって君主(のちには国家)に源を有するという観念に至る道は、もはや遠くはなかった」(ハンス・マイヤー)(11)。

それにもかかわらず、こうした観念に対する抵抗もまた存続した。一八世紀に入っても依然として立法が恣意的な法定立を意味するに至らなかったことは、上述のとおりである。ことに、立法によって良き旧き権利ないし既得権への介入が試みられる場合には、それは領邦議会の関与による制約、または少なくとも私人《ユース・プリヴァトールム》の権利を保護する裁判所——最終的には帝室裁判所と帝国宮廷法院——の活動による制約を免れなかった(12)。行政《ポリツァイ》は良き旧き法、ないし私人の権利の体系としての私法をつかさどる司法《ユスティーツ》の前に立ち止らざるをえない、とする観念は、一八世紀末まで維持されたのである。シュロッサー(Schlosser)によるプロイセンの立法の論評[13](一七八九)は、そのことを明らかにする適例である。シュロッサーによれば、法律は、憲法(Staats-konstitution)、民事法(Civilgesetz)、刑事法(Strafgesetz)および行政法(Regierungsgesetz)の四種に分類される。まず憲法は、法と不法についての国民のさまざまの意見について決定を下す——つまり、民事法と刑事法の内容を確定する——権利、および何が行政法によって実現されるべき公共善であるかを決定する権利を支配者に与えるものであって、本来法律というよりは契約としての性格をもち、他のすべての法律の前提となるものである、とされる。このような憲法の観念が、帝国のレベルでは皇帝と帝国等族の協定としてのいわゆる基本法(leges fundamentales)、すなわち一三五六年の金印勅書、一四四二年と九五年の帝国ラント平和令、一四九五年の帝室裁判所令にはじまる各帝室裁判所令と帝国宮廷法院令、一五五五年の宗教和議、一六四八年のヴェストファーレン条約等、帝国等族の自由——いわゆるドイツ的自由(deutsche Libertät)——を保障する明文の協定またはこれに準ずる慣習法を指し、領邦のレベルではたとえば一五一四年のテュービンゲン協定によって代表される領邦君主と領邦等族との成文または不文の基本協定を指したことは、疑を容れない。こうした協定は、当時一般にドイツ帝国の国法(ius publicum)と呼ばれ、それがさらに帝国のレベルで皇帝と帝国の成員との関係を規律するドイツ一般国法(ius publicum Germanicum generale)と、領邦のレベルで領邦君主とその臣民との関係を規律するドイツ個別国法(ius publicum Germanicum speziale)とに分類されていたのだが、[14] シュロッサーがこの国法《ユース・プブリクム》に契約としての性格を認めていることは、それが近代的な公法の概念と等置されえないものであることを端的に示している。何よりもこの国法《ユース・プブリクム》(憲法)は行政法を含まず、行政法は君主と等族との基本協定(憲法)の履行のための規則として理解される。それゆえ、シュロッサーにあっては、君主と等族の間で確認された共同体の基本的法秩序ないし平和秩序が、行政的《ポリツァイ》な立法の前提たるべきものとされているわけである。

のみならず、シュロッサーは、法と不法についての国民《ナツィオーン》の考えを確定したものとしての民事法および刑事法においては、法律の内容の具体的妥当性よりも、法律が確実かつ平等に適用されることが肝要であり、この点において、とくに民事法を行政法との混淆から守り、行政法に対する民事法の優位を確認しておく必要がある、とする。シュロッサーによれば、政治社会はその成員の共同生活を可能にするという一般的な目的のほかに、通常、たとえば狩猟とか、征服とか、国防とか、交易とか、海賊行為とかのような特別の目的をもつものであるが、こうした特別の共同目的から公共善という多義的な語でとらえられるものが生まれ、さらにその公共善の実現を目標とする法律(行政法)が制定されることになる。しかし、政治社会の特別の共同目的は――したがって公共善の内容は――時代とともに変化するものであるから、それを実現するための手段としての行政法に確実性を期待することはできない。国家の第一の任務はその成員の諸権利を確定することに存するのであるから、そのための民事法の純粋性を維持し、公共善の実現をめざす(行政法的な)法規の混入によって民事法の適用の確実性がそこなわれることのないように注意する必要がある、とされる。(15)

このようなシュロッサーの見解については、それが経済過程の自律性の観念にもとづいて民事法の優位を主張したものではない、ということを指摘しておかなければならない。シュロッサーは民事法と行政法の区別について、こうも言っている。第一に、君主がある人間に、国家に対して、または国家の名において行使しうる権利を与える場合、それは国民相互の権利関係にかかわるものではないから行政法の分野に属する。第二に、君主がある人間個人に、その属する身分の如何を問わず、他の国民に対して行使しうる権利を与える場合も、それは主体の平等(Gleichheit der Subjekte)を破らず関係の平等(Gleichheit der Verhältnisse)を破る——つまり、身分への帰属を捨象して国民を個人として扱う——ものであるから、民事法ではなく行政法による規律と見るべきものである。これに対して、国家のなかの特定の身分に権利を与え義務を課する法律は民事法に属する。それは関係の平等を破るものではなく、関係にかかわる主体を不平等にするにすぎないから。たとえば、ある麦酒醸造ツンフトが一定距離以内で他の麦酒醸造業の営業を許さぬ権利をもつか否かという問題は、右の基準に照らして、民事法によって規律されるべきものである。

こうしてシュロッサーは、民事法を、身分制的な権利の体系、すなわち本来諸身分の前国家的実力によって担保された良き旧き権利ないし既得権の体系としてとらえ、これを絶対主義的・重商主義的な意味における公共善の実現に向けられた行政法に対置しているのである。シュロッサーによれば、民事法においては君主は立法者とはみなされない。けだし、民事法とは法と不法に関する国民の意見を確定したものにほかならず、君主によって定立されたものではないからである。このように、シュロッサーにおいては、法共同体の基本秩序としての国法《ユース・プブリクム》と、その他の良き旧き法の延長上にある民事法(および刑事法)[16]が、君主の立法権の所産としての行政法を両面から制約すべきものであった。ここに見られるのは、一九世紀的意味での私法と公法との対立ではなく、法共同体としてのラントの(良き旧き)法と、領邦君主の行政《ポリツァイ》ないし行政法との対立であった。シュロッサーによれば、すべての成員が同一の道を進むような国家は、全くの賢者ばかりから成る国であるか、さもなければ奴隷たちの国である。通常人の生活するところでは、もろもろの法(権利)が画一化されたものであるということよりも、それらが確実であり侵しがたいものであって、適切に組み合わさっているということの方が、国家を幸福なものにするのに役立つ、とされる。このように説くことによってシュロッサーは、プロイセンの絶対主義とその行政《ポリツァイ》に対抗してレーン法共同体としての帝国国制と、それによって支えられた既得権の体系としての(良き旧き)法秩序を擁護したのであった。

(1) Wilhelm Ebel, Geschichte der Gesetzgebung in Deutschland, 2. Aufl., 1958 が基本的な文献である。都市の自治立法については、とくに、Wilhelm Ebel, Die Willkür, 1953. 立法一般の歴史については、そのほかに、Sten Gagnér, Studien zur Ideengeschichte der Gesetzgebung, 1960; Rolf Grawert, Artikel "Gesetz", in: Geschichtl. Grundbegriffe, Bd. 2 がある。

(2) Helmut Quaritsch, Staat und Souveränität, Bd. 1, 1970 による。なお、村上淳一「《良き旧き法》と帝国国制(一)」をも参照されたい。

(3) Joachim Gernhuber, Die Landfriedensbewegung in Deutschland bis zum Mainzer Reichslandfrieden von 1235, 1952, S. 92 f. は、一二、三世紀の帝国(ラント)平和令が国王による立法としての性格をもつものであったことを強調しながらも、その立法にさいしては帝国の実力者(die Großen des Reiches)の同意が必要であったことを認める。

(4) H. Quaritsch, a. a. O., S. 138 ff., 155 ff.

(5) 近世の帝国および領邦の立法についての本文の叙述は、Grawert, a. a. O. による。

(6) 近世自然法論の立法理論についても、さしあたり、Grawert, a. a. O. を見よ。なお、Ernst-Wolfgang Böckenförde, Gesetz und gesetzgebende Gewalt, 1958 をも参照。

(7) みずから太陽王と称し、地上における神の代理人たることを強調したルイ一四世でさえ、まさにそのことのゆえに、神に対して、国家ないし国民に奉仕すべき義務を負ったのである。Fritz Hartung, L'Etat c'est moi, in: Staatsbildende Kräfte der Neuzeit を見よ。

(8) 行政条令ないし領邦条令については、とりわけ、W. Ebel, Geschichte der Gesetzgebung in Deutschland を見よ。行政《ポリツァイ》一般については、Hans Maier, Die ältere deutsche Staats- und Verwaltungslehre (Polizeiwissenschaft), 1966 が重要。なお、栗城壽夫「十八世紀ドイツ国法理論における二元主義的傾向(七)」(『法学雑誌』一四巻四号)をも参照されたい。

(9)　永久ラント平和令は皇帝と帝国等族との合意の所産であり、したがって帝国行政条令も、領邦レベルにおいて直接的な拘束力をもつものではなく、領邦の行政ないし行政条令にとっての規準、指針たる性格をもつにとどまった。なお、行政《ポリツァイ》の一環としての刑事法的規律が糺問主義の展開によって法共同体への介入を強めたこと、それにもかかわらず伝統的な刑事実体法の空洞化が容易に進行しなかったことについては、二〇九頁以下を見よ。

(10)　W. Ebel, a. a. O., S. 63 ff.

(11)　H. Maier, a. a. O., S. 113. なお、マイヤーは、ドイツの場合と比べてフランス絶対王政の行政《ポリス》が伝統的な法秩序と正面から対立するものではなかったことを指摘する。この点については、Walter Wilhelm, Gesetzgebung und Kodifikation in Frankreich im 17. und 18. Jahrhundert, in: Ius Commune, Bd. 1 をも参照。

(12)　以下については、村上淳一「《良き旧き法》と帝国国制(三)」をも参照されたい。

(13)　Johann Georg Schlosser, Briefe über die Gesetzgebung überhaupt und den Entwurf des preußischen Gesetzbuches insbesondere, 1789.

(14)　Friedrich Merzbacher, Staat und Jus publicum im deutschen Absolutismus, in: Gedächtnisschrift für Hans Peters, 1967.

(15)　こうした区別は、むろんシュロッサーのみに見られるわけではない。Rolf Grawert, Historische Entwicklungslinien des neuzeitlichen Gesetzesrechts, in: Studien zum Beginn der modernen Welt (hrsg. von Reinhart Koselleck), 1977 によれば、すでに一七世紀中葉のドイツにおいて、永続的なものとしての法律《ゲゼッツ》と、公共善実現のために一時的に通用すべき命令《オルドヌング》とが区別されている。established standing laws による統治を求めて extemporary decrees による統治を排したロックの見解も、これに対応するものであって、シュロッサーの民事法は、まさにこのような二分法の延長上に、行政法と対置されているのである。
(16)　ただし、近世の刑事法が刑事裁判令としての側面においてすでに大幅に行政《ポリツァイ》に組みこまれていたことについては、一九八頁以下を見よ。

二　民事法と行政法の統合(プロイセン)

ラントの(良き旧き)法、ことに民事法と、行政ないし行政法との対立は、プロイセンにおいては、民事法と行政法とを包括する統一的法典の編纂というかたちで克服されることになった。プロイセンにおける法の近代化は、三〇年戦争末期に創設された常備軍の維持・強化のための行政機構の整備がフリードリッヒ・ヴィルヘルム一世の下で一八世紀の二〇年代に完了したのち、すでに一七世紀中葉以降の各ラント等族の無力化によって拠りどころを失いつつあったラントの良き旧き法への行政《ポリツァイ》の浸透という局面を迎えるに至ったのである。すなわち、一七四〇年に王位に就いたフリードリッヒ二世(大王)は、まず、良き旧き法の担い手であった裁判所から等族的勢力を駆逐し、これを官僚制化するための改革を進めた[1]。

一八世紀のプロイセンにおいては、最末端の都市裁判所(市民にとっての第一審)および領主裁判所(農民にとっての第一審)の上に、地方裁判所というべき政庁《レギールング》(およびそれと並んで宮廷裁判所《ホーフゲリヒト》)があり、市民および農民にとっての上訴審、貴族にとっての第一審として機能していた。これらの地方裁判所のうちで宮廷裁判所は、もともとラント団体に代ってラント法の発見にさいし君主に助言と助力を提供すべきものであり、したがって一八世紀に入っても等族的色彩を色濃く残していたが、政庁《レギールング》の方も、元来各ラントにおける助言機関《ラート》として君主の統治に助言と助力を与えたものがしだいにその任務を司法に限定されたという経緯からして、宮廷裁判所との対比においては等族的色彩は薄いとしても、やはり等族の影響を免れたものではなかったのである。領邦君主の行政《ポリツァイ》によって領邦等族ないし領邦臣民の既得権が侵害された場合に、領邦の裁判所が——帝室裁判所および帝国宮廷法院の存在を支えとして——これを保護しえたのは、領邦の裁判所が完全には領邦君主の裁判所になっていなかったからであった。むろん、領邦君主としては、行政に関する事項についての裁判をなるべく兵站＝《クリークス・》直轄地局《ウント・ドメーネンカンマー》に担当させようとしたが(いわゆる行政司法《カンマーユスティーツ》)、この行政司法も司法である以上ラントの良き旧き法を無視しえたわけではなく、既得権の保護に奉仕せざるをえなかったのである。それゆえ、君主の側から法の近代化をはかるためには、最終的には適用されるべき法からラントの良き旧き法としての色彩を払拭する必要があったが、その前にまず、等族の影響下にある宮廷裁判所と政庁《レギールング》との整理統合、ならびにその官僚制化を実現しなければならなかった。

なお、ブランデンブルク(クールマルク)には、もともと宮廷裁判所と、(一七世紀はじめに設置された)枢密院《ゲハイマー・ラート》とがあって、それぞれ君主に助言と助力を提供していたが、後者は——他のラントの同様の機関が地方レベルの政庁《レギールング》となったのに対して——全国家的な中央官庁に発展し、また、宮廷裁判所は一六世紀に王室裁判所《カンマーゲリヒト》と改称された上で、クールマルクの地方裁判所として機能したのみならず、一八世紀中葉には各地方裁判所の裁判に対する上訴審としても活動することになった。プロイセンにおける上訴審としては、そのほかに、もともと帝国に属さないプロイセン地方を管轄するケーニヒスベルクの上訴裁判所(Oberappellationsgericht)をはじめとするいくつかの裁判所があったが、これらもしだいにベルリーンの王室裁判所を中心として統合され、一七五一年にはベルリーンの最高裁判所(Obertribunal)を頂点とする統一的な裁判所組織が形成されることになる。このような裁判所の整理統合と並んで、主として貴族出身の名望家的裁判官の排除、司法の官僚制化が推進されたわけである。

フリードリッヒ大王の下で司法の官僚制化を実行したのはコクツェイ(Cocceji)であった。かれは、第二次シュレージエン戦争の結果プロイセン領となったポメルンにおいて六名の有能な法律家を指揮して多数の遅滞した訴訟の解決に当り、一七四七年の一月から五月までの短期間に二千三百余の事件を処理してフリードリッヒ大王の信任を獲得し、さらに王室裁判所《カンマーゲリヒト》の改革に着手した。すなわちコクツェイは、専門的法律知識をもたない多数の裁判官を罷免すると同時に国家試験制度の導入をはかり、専門知識を身につけた裁判官に十分な俸給を与えて副業を禁止し、従来直接裁判官に支払われていた手数料は国家(手数料金庫)に納入すべきものとした。もっとも、今や国家に帰属することになった手数料収入だけでは裁判官に支払われるべき俸給の財源として不十分であったから、コクツェイは等族に助力を求めざるをえなかった。いうまでもなく、司法の官僚制化がまさに等族の影響力の一掃をめざすものであった以上、そのための財源について等族の醵出を求めることは本来無理であった。そこでコクツェイは、等族の支配下にあった司法を牽制するためにしばしばなされた君主の介入、ことにいわゆる大権裁定(Machtspruch)が司法改革によって制限されることになる――そのかぎりで司法改革は等族の利益と一致する――と主張して、等族を説得したのである。実際に、司法の官僚制化が実現されれば君主としては少なくとも直接的なかたちで裁判に介入する必要はなくなると考えられたのであって、それゆえフリードリッヒ大王も、たとえば一七五二年の政治遺訓において、「朕は訴訟の進行を決して妨げまいと決意した。裁判所においては法律が語るべきであり、君主は沈黙すべきである」、と述べている。しかし、司法の官僚制化の努力にもかかわらず、良き旧き法ないし既得権の擁護者としての裁判所の伝統が一朝にして消滅したわけではない。官僚制化された裁判所のなかには専門家の団体《コール》としての独立性の意識が生まれ、それがモンテスキューの権力分立論と結びついて司法権の独立の観念を基礎づけることになる。ここにおいて君主は再び司法への介入を試みざるをえない。著名なアルノルト水車小屋事件におけるフリードリッヒ大王の王室裁判所への介入[2]は、このような関連において理解されるべきものである。司法への直接的な介入を断念しうるためには、君主の意思の表現としての包括的な法典を編纂し、裁判官をきびしくこれに拘束することが必要であった。

プロイセンにおける法典編纂事業[3]はすでにフリードリッヒ・ヴィルヘルム一世によって計画されたが、それが実際に軌道に乗ったのは、フリードリッヒ大王の治下、ことに一七八〇年以降、カルマー(Carmer)がスヴァレッ(Svarez)をはじめとする協力者とともに起草に取り組んでからのことである。起草作業は一七九一年の一般法典(Allgemeines Gesetzbuch, AGB)の公布によって一応の成果をあげ、この法典の施行が——フランス革命の影響を危惧する保守勢力の反対によって——延期されたのちに、大権裁定を禁止する規定等を削除した一般ラント法(Allgemeines Landrecht, ALR)が一七九四年に施行されることになるのであるが、一般法典と一般ラント法とを通じて注目されるのは、それが、シュロッサーの批判にもかかわらず民事法《ツイヴィルゲゼッツ》と行政法《ポリツァイゲゼッツ》とを包括する統一法典として編纂されているということである。一般に一八世紀中葉から一九世紀初頭にかけてのドイツにおける法典編纂として論じられるバイエルンのマクシミリアン民事法典(Codex Maximilianeus Bavaricus civilis, 1756)、プロイセンの一般ラント法、オーストリアの一般民法典(Allgemeines Bürgerliches Gesetzbuch, 1811)のうち、プロイセンの法典だけが行政法をも含むものとして編纂されている理由はどこに求められるであろうか。

プロイセンの法典の起草者のなかで中心的な役割を演じたスヴァレッは、一七九一、九二年に行なった皇太子(のちのフリードリッヒ・ヴィルヘルム三世)への進講[4]のなかで、法律を、個々の臣民が相互に、または国家に対して有する私権を規律する民事法(bürgerliches Gesetz)、犯罪を禁止しこれに対する刑罰を定める刑事法(peinliches Gesetz)、国家とその公民の福祉を増進し、または福祉の障害を防止する行政法(Polizeigesetz)、租税の賦課徴収と財政に関する負担法(Auflagegesetz)の四種に分類しているが、民事法と行政法との区別に関するかぎり、スヴァレッツは、私人の権利＝既得権の体系としての民事法を行政法の介入から守る伝統的な立場を踏襲しているのである。しかし、スヴァレッツは、他面において、そのような民事法の実定性(相対性・可変性)を指摘する。すなわち、スヴァレッツによれば、民事法はまた民事実定法(positives bürgerliches Recht)とも呼ばれるが、それは、「民事法の諸規定が自然法の原則からの単なる論理的帰結として導き出されるものではなく、立法者の明確に表示された意思に依存するものであるから」にほかならない。立法者はむろん自然法の諸命題を疑問の余地なく明確に宣言することができるけれども、そればかりではなく、自然的な権利ないし義務の多くを変更し、別様の規定をすることができるのであって、そうした変更こそが実定法(positives Gesetz)の本質をなすのである、とされる。「国家の住民の数が多ければ多いほど、また、位置、気候、土壌、その他自然的条件の多様性に由来する住民の差異が大きければ大きいほど、また、これらの住民が多くの階層に分かれていればいるほど、住民の生業が多種多様であればあるほど、また住民の私権のありかたについて外的政治的関係の影響が大きければ大きいほど、これらの人々、身分、階層、生業、諸関係に対して公共善のために最善の方向を示すべき法律は厖大なものになる」。

こうして、スヴァレッにおいては、民事法の実定的規律の目標もまた——一八世紀的意味での——公共善(allgemeines Wohl)に存し、そのかぎりで民事法と行政法との区別は相対化されることになる。スヴァレッの協力者クラインもまた、民事法の相対性・可変性を指摘することによってシュロッサーの見解を批判し、民事法と行政法とを包括する法典編纂の基本方針を擁護したのであった。(5)

それゆえ、一七九四年の一般ラント法は、その序章において、この法典が伝統的な民事法(良き旧き法)の自律性を破るものであることを明らかにしている。この法典は「国家の住民(6)」の権利義務を認める基準たるべき規定を含むものとされ(序章第一条。権利はもはや前国家的な良き旧き権利ではない)、州《プロヴィンツ》の特別法や個々の団体の条例は君主の承認を得た場合にのみ法律としての効力を認められるものとされ(同第二条)、プロヴィンツやその下位団体の慣習法はプロヴィンツの制定法に採用された場合にのみ法律としての効力を認められるものとされ(7)(同第三条)、学者の説や裁判例は今後顧慮すべきでない、とされる(同第四条)。裁判官は法律の適用にさいして、法律の文言、訴訟の対象と法律の文言との関係、ないしその法律の明白な立法理由から知られる意味だけを参照すべきであり(同第四六条)、法律の本来の意味が明らかでないときは裁判官は君主直属の法律委員会の判断を仰がなければならない(同第四七条)。事案に適用すべき法律が存在しないときは、裁判官はこの法典の一般原則と、類似の場合を規律する既存の法令と、自己の慎重な洞察とによって裁判するほかはないが（同第四九条）、同時にかれはその法律の欠缺を司法大臣に申告しなければならない（同第五〇条）。法律は立法者によって明示的に廃止されるまで効力を有し（同第五九条）、慣習や学説や判例や個別的な命令によって改廃されることはない（同第六〇条）。

このように立法者の意思への（裁判官の）拘束が強調されるのと同時に、国民はすべて、自己の身分と財産に応じて、公共の安寧福祉に奉仕する義務を負う、とされる（同第七三条）。国民の個々の権利が公共善のための権利義務と牴触するときは、後者が優先する（同第七四条。ただし、既得権に関する当時の通念にしたがって、第七五条により補償はなされる）。国民はすべて自己の身体財産の保護を要求する権利を認められるが（同第七六条）、その反面、何人も自己の実力によって権利を生み出す権能を認められない（同第七七条）。自力救済は、回復しがたい損害を国家が速やかに防止しえない場合にのみ正当視される（同第七八条）。これらの規定はいずれも、自立的権力の実力によって直接的に担保される良き旧き権利の観念、およびそのような権利（私権）の体系としての良き旧き法の観念を打破し、裁判官が良き旧き法に依拠して君主の命令的規範を無視する可能性を封じようとするものであった。自力救済の原則的禁止は、スヴァレツによれば、「政治社会を基礎づける基本契約から直接導き出されるものである。この基本契約によれば、個人は自己の強制権の自身による実行を断念し、これを社会の首長に移譲したのである。それゆえ、国家の一国民が、自分の物の所有と使用の不当な妨害から自己を守り、他人をして自己に対する義務を履行させるために、自然状態においては強制に訴えたであろうと信ずるときにも、かれはこの強制を自分自身では実行しえず、自己の実力によって権利を生み出そうと考えてはならないのであって、官憲の保護を求め、官憲が国家の法律にしたがってかれのものを得させてくれるように期待しなければならない」。むろん、回復しえない損害の発生を防ぐために国家の救済が間に合わない場合には、例外的に自力救済が許される。しかし、自力救済が国家の安寧秩序にとってきわめて危険なものであることにかんがみ、立法者はその濫用を防止するために詳細な規定を置かなければならない。とりわけ、自力救済は何よりも他人(他の私人)の実力行使に対して向けられるべきものであり、官憲の処分、とくに君主の命令に対しては、いかなる場合にも正当防衛に訴えることはできない(8)。

こうして自力救済、とくに君主に対する反抗権の行使を禁圧する反面、一般ラント法は、「国家元首とその臣民との間の法的紛争も、通常の裁判所において、法律の規定にしたがって審理され、裁判される」としている(序章第八〇条)。しかし、スヴァレツによれば、国家元首とその臣民との関係は本来《アン・ジッヒ》私法(民事法)の対象ではないのであって、ただ、そうした関係の一部がプロイセン国家においては実定法によって規律され、したがって裁判所の判断に服するものとされているにすぎない。もっとも、国有財産(Staatseigentum)としての直轄領《ドメーネン》および国王留保権《レガーリエン》は譲渡ないし貸与の対象たりうるものであり、したがってそれに関する紛争は当然に裁判の対象となるけれども、臣民に負担を課しうる君主の権利の行使については、普遍的国法の原則からして、本来法的紛争を生ずる余地がない。けだし、君主だけが、何が国家にとって必要であるかを知り、その必要をみたすために、できるだけ平等に、臣民の生活を害さないしかたで負担を課しうる立場にあるのであって、そうしたことがらについて裁判官は確実かつ正当な判断を下せないからである。ただし、私人または臣民のなかのある階層が、契約または国家の実定的法律によって一定の負担を免除されている場合は、法的紛争を生じうる。この場合、君主は、専制君主たることを望まないならば、法律にしたがった紛争の解決、しかも君主自身またはその財政官庁ではなく通常の裁判所による紛争解決に服するほかはない、とされる。このようにスヴァレッツは、伝統的な民事法と行政法との対抗関係に君主の専権に属する負担《アウフラーゲ》法《ゲゼッツ》の観念を持ち込み、そのかぎりで既得権による行政《ポリツァイ》の制約を打破しようと試みたわけである。もっとも、このようなスヴァレッツの理論は、プロイセンにおいても一九世紀の四〇年代にはじめて法律として実現されることになるのであるが(一八五頁以下)、すでに一般ラント法の起草者が伝統的な司法事項の観念の克服を示唆していることは重要である。

もとより、一般ラント法においては、身分制的社会秩序が完全に解体されているわけではない。人間はまだ平等の権利能力をもつものとは認められず、政治社会において何らかの権利義務を有するかぎりで人格《ペルゾーン》と呼ばれるにすぎない（第一部第一章第一条）。その政治社会は、自然または法律またはその両者によって結合されたより小さな諸団体《ゲゼルシャフテン》および諸身分《シュテンデ》から成るとされ（同第二条）、出生、職分、主たる生業によって政治社会において同一の権利を有する人々は国家の一身分を形成し（同第六条）、個人はある身分の成員としてのみその身分に応じた権利義務の主体たりうるものとされる（同第七条）。一般に、人間の権利は出生と、身分と、法律が特別の効果を結びつけた行為ないし事実から生ずる、とも規定されている（序章第八二条）。しかしながら、個々の身分は国家によって付与された権利により、いわば国家の職業身分として詳細に規定されており（第二部第七章以下）、身分はその存在根拠を国家意思に有するに至っている。貴族身分でさえも、国家の防衛に奉仕するとともにその対外的権威および対内的組織化の支えたるべきことを任務とするものとして定義づけられているのである（同第九章第一条）。また、とくに市民身分については、「出生によって農民身分にも貴族身分にも属さず、その後もこれらいずれの身分にも属するに至らない国家住民は、すべて市民身分に属する」（同第八章第一条）として、狭義の都市市民の周辺に一般公民制を創出しようとする志向を示している。隷民は農場との関係を除き自由な国民とみなされ（同第七章第一四七条）、それゆえ一種の奴隷制としての体僕制はもはや存在せず（同第一四八条）、隷民といえども所有権その他の権利主体たりうる（同第一四九条)、とするのも、同様の志向にもとづくものである。さらに、諸身分と並んで政治社会を構成する諸団体の最小単位としての家(häusliche Gesellschaft)は、僕婢を含みながらも(第一部第一章第四条)、本来《アイゲントリッヒ》夫婦の結合および親子の結合から成るものとされ(同第三条)、また、その夫婦の結合(婚姻)も、生殖のための契約として法的に把握されて(第二部第一章第一条)、国家による法的規律の下に置かれている(二二八頁以下参照)。こうして、一般ラント法は、家を最小単位とする諸団体と諸身分による政治社会の構成という伝統的な図式にしたがいながらも、それらの団体や身分の自立性を否定し、身分制的社会秩序を国家意思の側から再編成することになった[9]。

ここに見られる身分制的秩序の自律性の否定は、一般ラント法の第二部が諸団体と諸身分の規律にひきつづいて、公共善を実現すべき国家の組織とその権能、その財政と行政を詳細に規定したことにより、いっそう顕著になっている。国民と被護民(Schutzverwandte)とに対する国家の権利義務はすべて国家元首において統合され(第二部第一三章第一条)、国内の安寧を維持し国民の福祉を増進する元首の義務(同第二条、第三条)からして、そのために必要なすべての権利と利益が元首に承認される(同第四条)。とりわけ、国家の必要を賄うための課税権は、君主の主権的権利の一つとされ(同第一五条)、自己の身体、財産、営業について国家の保護を受ける者はすべて、この課税権に服するものとされる。良き旧きラントの法(国法)の重要な部分であった等族の課税同意権は、こうして空洞化されたわけである。さらに、裁判所についても、国家がその臣民とかれらの身体・財産の安全をはかる義務を果すために普遍的かつ最高の裁判権をもつ旨が明言されることによって(同第一七章第三条)、良き旧き権利ないし既得権の砦としての性格が否認されている。このようにして、良き旧き法の伝統的秩序は、君主の課税権ないし財政を突破口とする広義の行政《ポリツアイ》によって侵蝕され、既得権=私権の体系は解体されてゆくのである。それにとって代ったのは、国家に対する義務の体系であった。(10)

むろん、伝統的権利がヘルシャフトとしての性格を有した限りで、それはつねに義務ないし職務としての側面を示すものであった。しかし、その義務は、本来ヘルシャフトに服する者に対する保護の義務であり、神ないし上位の権力に対する義務・職務としての性格を帯びるに至ってからも、それは政治社会を構成する自立的諸権力のヘルシャフトに伴う義務でありつづけた。したがって、それは、基本的に、強制をまつまでもなく法共同体の成員の自己規律によって実現されるべきものであった。これに対して、今やあらゆる自立的権力が国家によって平準化され、諸団体と諸身分が国家にとっての機能によって定義づけられるようになった結果、行政《ポリツアイ》による義務づけが一般化され、それぞれの身分に属するすべての臣民の義務が他律的に、立法者によって強制されることになる。この義務によってはじめて、権利が基礎づけられるのである。「義務は権利に優先する」と説いたヴォルフが一般ラント法の起草者を通じてこの法典に影響を及ぼしたのは、それゆえ、偶然ではなかった。[11]

(1) プロイセンの司法制度の歴史、とりわけコクツェイの司法改革については、村上淳一『ドイツの近代法学』(一九六四)九四頁以下、石部雅亮『啓蒙的絶対主義の法構造』(一九六九)一二頁以下を参照されたい。ドイツの研究もそこに引用されているが、比較的まとまった概観を与えるものとして、Hermann Conrad, Rechtsstaatliche Bestrebungen im Absolutismus Preußens und Österreichs am Ende des 18. Jahrhunderts, in: Absolutismus (hrsg. von Walter Hubatsch)を挙げておく。

(2) 村上淳一『ドイツの近代法学』八六頁以下。

(3) プロイセンの法典編纂事業についても、石部雅亮『啓蒙的絶対主義の法構造』が詳細な検討を加えている。ドイツの文献についても同書を参照されたい。

(4) Carl Gottlieb Svarez, Vorträge über Recht und Staat (hrsg. von H. Conrad und G. Kleinheyer). 本文において引用するスヴァレツの見解は、いずれもこの進講に示されたものである。

(5) シュロッサーの批判に対するクラインの反論は、J. G. Schlosser, Briefe über die Gesetzgebung に付加された Fünfter Brief über den Entwurf des preußischen Gesetzbuchs, 1790 のなかに、シュロッサーの再批判の対象として収められている。クラインによれば、「法律の目的は、人々が考えがちなように立法者の見解を国民に強いることにあるのではない。国民には、自己の行為が他人の有用な活動を妨げないかぎりで好むままに行為する自由が留保されていなければならない。それゆえ、国民のすべての行為を画一化するために法律を単純化するということはできない。したがって、完成された国家においては、法典は浩瀚なものにならざるをえない。それどころか、法典は、一世代も変更されずにすむようなものではありえないのである。けだし、立法者がシュロッサー氏のいわゆる民事法のみを取り上げる場合にも、たえず新たな行為が生じ、その結果新たな規定が必要になるからである。

それに加えて、旧来の法律にあっても新たな経験はより詳細な定めを必要とすることになろうが、こうした定めは法律の基本原則の変更をもたらさないまでも、さまざまの補充を余儀なくさせるであろう。……シュロッサー氏の主張されるように私法典が正と不正とについての国民の意見にもとづくものであるとしても、だからといって法典が変更不能なものとしてしか考えられないというわけではない。けだし、群衆の意見ほどうつろい易いものはないからである。群衆を立派な法律によってつなぎとめておこうとしても、無駄なのである」。なお、法律の相対性・可変性に関しては、プロイセンの法典起草者に対するモンテスキューの影響は否定できないと思われる。R. Vierhaus, Montesquieu in Deutschland によれば、法律の相対性・可変性についてのモンテスキューの主張は、ドイツの啓蒙絶対主義ないし絶対主義一般の主たる活動分野が立法にあるとされていただけに、ドイツにおいて広範な支持を見出したのである。もっとも、法律の相対性・可変性の強調にもかかわらず、他方においてモンテスキューが、extemporary decrees による統治を排して established standing laws による統治を要請したロックの見解を受けついで、命令(décret や édit)による統治を排斥し、一般性と永続性を特徴とする法律《ロワ》により統治すべきものと説いた(De l'Esprit des lois, XXIX, 17)ことにも注意しなければならない。プロイセンの立法者は、この点に関してもモンテスキューと同様の——そのかぎりでシュロッサーとも共通の——見解を示している。スヴァレッツの『進講』によれば、立法の目的は「法と不法についての確実にして永続的な諸原則を確定すること」にあり、人々の身分や個人的権利に関して不必要な法改正を行なうことのないよう留意すべきである、とされる。

(6) 国家の住民(Einwohner)という身分制的にニュートラルな表現が用いられていることの意味について、R. Koselleck, Preußen zwischen Reform und Revolution, S. 52 ff. を見よ。

(7) 他方において、一般ラント法は、プロヴィンツの法律は一般的法律に優先し、特別の条例はプロヴィンツの法律に優先し、また、その他の方法で正当に獲得された権利(既得権)は特別の条例に優先する、と定めている(序章第二一条)。しかし、本文で挙げた序章第二条と第三条(さらに公共善を個々の権利に優先させる第七四条)を見るならば、一般ラント法が補充的効力しかもたなかったことを強調するべきではない、と考えられる。優先的に適用される地方法も、もはや国家の承認に依存するものでしかありえないのである。

(8)　自力救済に関するこのようなスヴァレッツの見解、およびそれに対応する一般ラント法の自力救済禁止は、中世におけるフェーデ禁圧が容易に成果を挙げえず、一定限度のフェーデを許容せざるをえなかったこととの対比において、平和の基本的な構造変化を示すものである(一九五頁以下参照)。イギリスにおいても、スヴァレッツと同じ時期に『フランス革命の省察』(一七九〇)を発表したバークは、スヴァレッツと同様の論旨によって自力救済の禁止を訴えている。バークによれば、「政治社会が契約によって成立したとするなら、その契約は政治社会の基本法でなければならない。……社会契約の存在をおよそ前提としないような権利、社会契約とまともに衝突するような権利を、どうして社会契約を援用しながら行使しえようか。政治社会を形成する主要な動機の一つ、政治社会の主要な基本原則の一つは、何人も自己の事件についての裁判官であってはならないということである。この基本法則によって、すべての個人は、未結合状態にある人間の第一の基本権、すなわち自分自身で決定を下し自分のことを好むままにやりぬくという権利を直ちに失うのである。かれは、自分の行為について自然的かつ無制約の主権をもつことをもはや主張しえない。かれは、自分の最も始原的な要求、すなわち自己防衛の権利を、全部ではないにせよ大部分放棄する。……かれは、自分の自由の一部分だけをほんとうに利用することができるように、その大部分を社会の共有財産として提供するのである」。もっとも、少なくとも一八世紀中葉のイギリスにおいて、依然として反抗《レジスタンス》と自己保存の自然権が絶対的権利の最終的保障手段と説かれた(ブラックストン)ことに留意する必要がある。

(9)　Günter Birtsch, Gesetzgebung und Repräsentation im späten Absolutismus. Die Mitwirkung der preußischen Provinzialstände bei der Entstehung des Allgemeinen Landrechts, in: Historische Zeitschrift, Bd. 208 は、一般ラント法の編纂過程において等族の意見を聴取する手続がとられたことの意義を論じて、次のような結論に達している。「一七九四年の一般ラント法は、身分制的に構成された国家、身分制的に秩序づけられた社会の法典であった。各プロヴィンツの等族の関与は、プロイセンのこの法典のこうした性格を明確に示すものである。それにもかかわらず、この法典は、アンシャン・レジームの身分制社会をいわば凍結させた立法作品としての基本的性格をもつものであり、身分制社会の代表者たちの積極的な協力がなかったとしてもそのような基本的性格をもつことになった、と見ることができよう。等族の封じ込めは、トクヴィルがこの法典の本来の父とみなしたフリードリッヒ大王の政治的計画に属するものであった。大王は、国家のなかのあらゆる身分に、国家制度の枠のなかでそれぞれの機能を割り当てた。それゆえ、この法典は、身分制的立法作品である点においてアンシャン・レジームの社会およびその伝来の秩序と法観念の反映であるにとどまらず、この社会に対して最終的に自己の意思を強制した啓蒙絶対主義の憲法プログラムの表現でもあった」。なお、Rudolf Vierhaus, Ständewesen und Staatsverwaltung in Deutschland im späten 18. Jahrhundert, in: Dauer und Wandel der Geschichte. Festgabe für Kurt von Raumer をも参照。

(10) 一般ラント法の第二部が本文で述べたように義務の体系として構成され、正当化されたのに対し、伝統的な私人の権利としての性格をとどめる第一部においては、特別の正当化の必要は大きくない。むろん第一部も、良き旧き権利の体系そのままであるわけではない(たとえば所有権の定義)。しかし、一般ラント法において(自然法論による)新たな正当化を必要としたのはむしろ第二部だったのであって、第一部に自然法的・進歩的要素を、第二部に身分制的・停滞的要素を認めるU.-J. Heuer, Allgemeines Landrecht und Klassenkampf, 1960(その紹介として、磯村哲「ホイエル《プロイセン一般国法と階級闘争》」『法学論叢』六九巻四号)の見解には疑問がある。

(11) 義務の体系としてのヴォルフの自然法論については、Manfred Riedel, Moralität und Recht im vorkantischen Naturrecht, in: Metaphysik und Metapolitik を見よ。村上淳一「近代法体系の形成と《所有権》」(『法学協会雑誌』九三巻二号)、同「ドイツ法学」(碧海＝伊藤＝村上編『法学史』所収)をも参照されたい。ただし、義務の体系による身分制秩序の再編成が、再編成された身分制秩序の固定化を意味すると同時に、まさに再編成の実現によって、その流動化の可能性を示唆するものでもあった(スヴァレツ、クラインにおける法の実定性＝可変性の認識)ことにも留意の必要がある。

三　民法典の編纂(オーストリア)

三〇年戦争後急速に統一国家を建設しえたプロイセンの場合に比して、オーストリアは、集権的な統一国家の建設に大きく遅れをとった。その理由の一つは、オーストリアの領邦君主が同時に帝国の首長＝皇帝であったことに求められる[1]。ハープスブルガーが領邦君主としての立場において絶対主義的支配を確立するためには、オーストリア世襲領《エルブレンダー》とボヘミア(および、一七世紀末にトルコの支配から解放されたハンガリー)の各ラントの等族の自立性を否定することが必要であったが、他方において、これらの等族の抑圧は、(帝国)等族の自由(ständische Freiheit)を前提とする帝国の首長としての皇帝の立場と矛盾した。ハープスブルガーは、ラント法共同体を解体しながら法共同体としての帝国の首長でありつづけるという、困難な立場に置かれたわけである。[2]

一七世紀後半のプロイセンが常備軍の維持・増強のために、兵站業務と軍税の賦課・徴収、さらに重商主義的財政・行政一般を担当する兵站総局《ゲネラルクリークスコミッサリアート》を設置したのに対して、同じ時期のオーストリアにおいては、兵站総局という同名の官庁は、一六世紀中葉に少数の軍事専門家をメンバーとして形成された軍事顧問会議(Hofkriegsrat)なる中央官庁の下に位置づけられており、しかも、この軍事顧問会議も、兵站総局も、兵站業務のみを管掌するにとどまった。軍事費の調達は、直轄権域の経営を担当する御料庁(Hofkammer)と、オーストリア世襲領とボヘミアそれぞれの等族に対する軍税の賦課・徴収を担当する両宮廷書記局(Hofkanzlei)の活動に俟つほかはなかったのである。これらの財源のうちで、直轄権域からの収入についてはいうまでもなく等族の介入は問題にならなかったが、それは軍事費のごく一部分を賄いえたにすぎず、それゆえ軍税が軍事費の主要な財源をなしたわけである。ところで、プロイセンにおいてはしだいに等族の課税同意権が否認され、君主に直属する兵站総局およびその地方官庁としての地方兵站局が兵站業務と並んで租税行政を展開したのに対して、オーストリアにおいては一八世紀に入るまで、軍税についての等族の課税同意権が維持され、それを前提としてオーストリア世襲領とボヘミアの宮廷書記局による租税行政が行なわれた。これら二つの宮廷書記局は、本来文字どおりの書記局にすぎなかったものが、一七世紀はじめにオーストリアの帝国からの分離が進行し帝国書記局および帝国宮廷法院が帝国の官庁としての性格を明らかにするに及んで、それぞれオーストリア世襲領およびボヘミアを管轄する中央官庁として機能するようになったものであるが、それらは(オーストリア世襲領ないしボヘミアを構成する)各ラントの等族の影響下にあり、君主の行政《ポリツァイ》を担当する中央官庁であるとともに各ラント(ラント法共同体)にとって共通の最上級官庁というべきものであった(したがって、オーストリア世襲領およびボヘミアの宮廷書記局は、それぞれの最上級裁判所でもあった)。各ラントのレベルでは、たとえばオーストリア世襲領において各ラントの長官(Landeshauptmann)が領邦君主としての皇帝によって任命された官吏であるにもかかわらず実際にはラントの等族の代表者であったことからも明らかなように、等族の自治的な租税行政と司法が行なわれていたのであり、御料庁の下部機構としての地方直轄地局(Vizedom)は直轄権域の管理以外に影響力をもたなかった。したがって、プロイセンにおいて君主の行政《ポリツァイ》と等族の自治的租税行政の接点が郡長レベルにまで押し下げられたのと同じ時期に、オーストリアでは、宮廷書記局または少なくとも各ラントの最上級官庁のレベルで、両者の交錯が見られたわけである。

このような体制がつづくかぎり、強力な常備軍の形成が不可能であったことはいうまでもあるまい。それにもかかわらず改革が遷延したのは、帝国の首長としてのハープスブルガーにとって、(領邦の)常備軍の増強を断念することによって帝国等族の団結を獲得し、もってフランスに対抗することが必要であると考えられたからであった(3)。しかし、一七世紀後半から一八世紀はじめにかけて、ルイ一四世のフランスとの対立が緩和され、帝国に属するプロテスタントの大領邦、およびイギリスとの対立が尖鋭化するに及んで、皇帝としての立場よりも領邦君主としての立場を優先させる必要がしだいに強く意識されるようになる。とくに、一七世紀末にトルコの支配から解放されたハンガリーをキリスト教的ヨーロッパと文化的に一体化するために、国力の強化は切実な要請となった。カール六世の下で一七一三年に制定された国本詔書(Pragmatische Sanktion)は、こうした動きのなかで、オーストリアの統一を強化しようとしたものにほかならない。それにもかかわらず、一七四〇年に男子承継者を欠いたままカール六世が死亡すると、バイエルン、ザクセン、フランスおよびスペインの領土要求によって、オーストリア(および帝国)は重大な危機を迎えることになる。ここに至って、マリア・テレージアは、財政・行政(および司法)の根本的な改革に着手したのである。

ヴィッテルスバッハ家の皇帝カール七世の死後、夫のフランツ一世(一七四五—六五)の皇帝選出を実現したマリア・テレージアは、ハウクヴィッツ(Haugwitz)をして財政の改革に当らせ、従来軍事支出のために毎年必要とされた等族の同意を一〇年間有効の協定に切りかえることに成功した。さらに一七四九年には、オーストリア世襲領およびボヘミアの宮廷書記局が廃止され、プロイセンの総督府《ゲネラルディレクトリウム》にならって、軍事・財政・行政を統一的に所管する中央官庁としての総督府(Directorium in publicis et cameralibus)が設置された(もっとも、御料庁はハンガリーおよび帝国における直轄権域を管轄すべきものとして存置され、また、軍事顧問会議も存続した)。二つの宮廷書記局が従来果していた最上級司法官庁としての機能は、統一的な最高裁判所かつ司法省としての最高司法庁(Oberste Justizstelle)に受けつがれた。各ラントのレベルでも、財政と行政は君主の官庁としての代官=直轄地局(Repräsentation und Kammer)の所管となり、君主の財政・行政と等族の自治的租税行政の接点はプロイセンの場合と同様に郡長(Kreishauptmann)のレベルにまで押し下げられた。しかし、同じ時期のプロイセンがすでに司法の分野においても等族の影響力の排除に着手していたのに対して、オーストリアでは――行政司法《カンマーユスティーツ》の承認を除けば――司法はさしあたり等族の手に残されたのである。

このように良き旧きラント法が維持されているかぎりで、民事法と行政法を統合する法典の編纂が不可能であったことはいうまでもない。(4) マリア・テレージアが一七五三年に設置した立法委員会は、対象を私法(民事法)の分野に限定して、「できる限り既存の法を維持しながら、事情の許す限りでさまざまのプロヴィンツ(ラント)の法を統一すべきもの」とされた。そのさい、「普通法とその最良の解釈学説および他の諸国の法律を利用し、修正補充のためにはつねに普遍的な理性法を参照すべきである」とされたが、このテレージア法典(Codex Theresianus)の起草にさいして実際に最も強く顧慮されたのは、自然法的理念でも普通法でもなく各ラントの良き旧き法であり、それが相互に異なる場合に共通の要素が抽出されたにすぎなかった。それにもかかわらず、一七五四年にマリア・テレージアに提出された部分草案は良き旧き法を破るものとして等族の攻撃を受け、新たな委員会が作業のやり直しを進めることになる。しかし、一七六六年にあらためて提出された草案は、今度は各ラントの法(および普通法)のあまりにも強い影響を示すものであったので、一七六〇年に君主の諮問機関として設置されていた国務院(Staatsrat)の支持を得ることができなかった。この間にハウクヴィッツに代って国政の実権を握ったカウニッツ(Kaunitz)は、オーストリアの国家的統一を強化するために国務院を設置する反面、総督府を解体して財政・行政組織を再編成したが、この再編成はむろん等族に対する譲歩を意味するものではなかった。[5] カウニッツはむしろ、行政《ポリツァイ》を(良き旧き法としての)私法から解放するために司法と行政を峻別すべきことを強調しているのであり、したがって、カウニッツの立場を一歩進めれば、私法における良き旧き法の要素の可及的な排除に至るべきものであった。一七六六年のテレージア法典草案が国務院によって拒否されたのは、それゆえ、偶然ではなかった。

こうした行政《ポリツァイ》強化の傾向は、一七八〇年以降、ヨーゼフ二世の啓蒙絶対主義の下でいっそう顕著になる。ヨーゼフ二世は修道院を接収し、農民解放に着手したばかりでなく、商工業の分野でもツンフトの特権を否認し、一七八四年の立法により営業の自由を承認するなど、啓蒙主義的な改革を推進した。このような改革は、一方において、同時代のあるフランス人が「ほかのどの国でも、イギリスにおいてさえ、これほど自由に政治や国家について語ることはできない」と評したほど自由な空気をもたらしたが、他方において、それは、伝統的な身分制的自由、良き旧き権利の体系への介入を意味するものであった。すなわちヨーゼフ二世は、マリア・テレージアの立法事業を継続するとともにラントのレベルでも行政《ポリツァイ》を司法から解放し、とくにペルゲン(Pergen)の手によって狭義のポリツァイすなわち公共の安寧秩序の維持のための警察制度を創出した。伝統的な法共同体に対するこのような国家的介入を正当化する役割を担ったのが、マルティニ(Martini)の自然法論である。プロイセンにおいては義務の体系としてのヴォルフの自然法論が具体的・身分制的秩序の一般ラント法による絶対主義的再編成を準備したのに対して、オーストリアにおいては、マルティニの普遍的・抽象的自然法論が、具体的な歴史的現実の捨象によって、「半ば革命的な」ヨーゼフ二世の啓蒙絶対主義を正当化したのである。(6)

もっとも、身分制的なるもののすべてを現実に平準化することは、むろんヨーゼフ二世にとっても不可能であった。ヨーゼフ二世の死(一七九〇)の前後にはかれの絶対主義的政策に対する等族の反抗が各地で見られ、とくにハンガリーの貴族はルソーとその社会契約説を援用してヴィーンの中央集権主義に反抗した。そこで、帝位を承継したレオポルト二世は、啓蒙絶対主義の立場を堅持しながらも等族との妥協を試みた。マルティニを長として一七九〇年に設置された新たな立法委員会は、国家による平準化の要請にある程度応じながらも、国家権力の法的制約の課題にこたえるべき私法法典の編纂をその任務とした。ここで注目を要するのは、ヨーゼフ二世の下で啓蒙絶対主義の正当化に奉仕した自然法論者のマルティニが、レオポルト二世の下で絶対主義を法的に制約すべき法典編纂を指導することになったという変化である。それは、国家権力を制約すべき法の重心がしだいに良き旧き法から合理的な自然法へと移りはじめたことを物語っている。すなわち、マルティニの立法委員会が一七九四年に皇帝フランツ二世

（一七九二—一八〇六）に提出した私法法典草案は、行政部の高級官僚の強い反撥を受けた結果修正委員会の審議に付されることになったが、この立法委員会と修正委員会との対立は、もはや各ラントの良き旧き法と統一的国家法との対立ではない。ラントの良き旧き法を擁護する立場の人々の多くは、今や、自然法にもとづく統一的な法を求める学者たちの側に立つことになった。論争は、君主の権力がおよそ法的制約に服するものか否か、服するとすればどの程度までか、という問題をめぐって展開された。ここには、良き旧き法がしだいに自然法によって置き換えられることによって成立した法治主義と、行政権の無制約を主張する一種の国家主義との対立があったということができよう。いずれにせよ、この対立は立法作業を完全に停滞させた。マルティニの草案は辛うじて一七九七年二月一三日の西ガリーツィエン（ガリシア）民法典として施行されたにとどまり(7)、オーストリア全体のための法典編纂は、一七九六年に新設された法律委員会がこれを担当することになった。マルティニはこの新委員会に加わっていない。そのことは、一面たしかにマルティニによって代表された法治主義の立場が弱まったことを意味するけれども、さればといって行政官僚の側が勝利を収めたわけでもなかった。新委員会には、カントの思想的影響を受けたツァイラーが加わっており、かれが法典に新たな理論的基礎づけを与えることになったからである。

すなわち、右に見た法典編纂の経緯からも知られるように、マリア・テレージアの下で明らかになった行政《ポリツァイ》と良き旧き(民事)法との対立は、ヨーゼフ二世の時代の自然法的に正当化された国家主義によっても、レオポルト二世の時代の自然法により修正された法治主義によっても、克服されるに至らなかった。行政がすでにラント法共同体を大幅に空洞化していたプロイセンの場合と異なり、行政とラント法共同体との二元的構造が維持されていたオーストリアにおいては、自然法論は国家の側に立つ場合も法の側に立つ場合も、その普遍的な妥当要求によって対立を激化させることになったのである。これに対してカントの批判哲学は、新たな妥協を可能にした。カントにおいては、法は、「汝の自由意思の使用が普遍的法則の下に他人の自由と両立するように外的に行為すべし」という命題にまで抽象化されることによって、客観的・絶対的な妥当を主張しうるものとなる。その結果、一方において国家の目的論《テレオロギー》が法を吸収してしまう危険は避けられるが、他方において法も国家の実質性を吸収しえないことになる。このようにして再構成された国家と法(とりわけ私法)の二元論が、一八一一年のオーストリア一般民法典(Allgemeines Bürgerliches Gesetzbuch, ABGB)の制定を可能にしたのである。[8]

一般民法典は、序章、第一部・対人権(家族法を含む)、第二部・対物権(相続法を含む物権法と、「対人的対物権」と呼ばれる債権法)、および、対人権と対物権とに共通の規定(たとえば時効)を含む第三部から成っている。この法典が、第一部において、「いかなる人間も(jeder Mensch)、理性のみによって明白な、生得の権利を有し、それゆえ人格《ペルゾーン》とみなされる。奴隷制、体僕制、およびそれに関連する権力の行使は、これらのラントにおいては許されない」(第一六条)と規定し、さらに、「何人も法律の定めた条件の下に権利を取得する能力を有する」(第一八条)と定めたことは、自由意思の主体としての人間の一般的権利能力を認めたものとして、画期的な意義をもっている。また、第二部において、「権利としての所有権は、物の実体と利用とを自由に支配《シャルテン》し、他人をそれから排除する権能をいう」(第三五四条)とし、さらに、「すべての物は一般に所有権の対象であり、何人も法律によって明示的に排除されない限り、みずからまたは他人によって、自己の名において所有権を取得することができる」(第三五五条)としたことも、近代的所有権概念の成立を示唆するものである。[9] そして、序章の第一条は、国家の住民相互の私権と私義務(Privat-Rechte und Pflichten)を規律する諸法律の総体をその国家の民法として定義しており、この定義からして、一般民法典に経済的な私的自治の枠組としての性格を認めてよいように思われる。

しかし、問題はそれほど単純ではない。カントの場合私法が自然状態と政治社会とを通ずる所有秩序として、すなわち経済的にも政治的にも自立的な人間の所有秩序としてとらえられていたことは、すでに指摘したとおりである。そのことは、ツァイラーにおいてはいっそう明白である。すなわちツァイラーの『自然私法』[10](一八〇二)によれば、人間は、自己の権利について自分自身の考えにより判断し、私的権力(Privatgewalt)によって自己の権利を実現しうる場合に自立的であり、自己の権利が国家権力によって定められ保護される場合に非自立的である、とされる。そして、この自立的と非自立的との区別に、私法(Privatrecht)と公法(öffentliches Recht)の区別が対応せしめられるのである。その私法は、団体《ゲゼルシャフト》としての家族の法と、非団体的な法とから成るものであるが、後者には生得の権利(たとえば自己保存の権利)と、取得しうる権利(たとえば契約によって取得される権利)が含まれる、とされる。このようなツァイラーの見解において、私的なるものがまだ純粋に経済的なものに還元されるに至っていないことは明らかであろう。私人が依然として自立的な私的権力の主体として把握されるかぎりで、私人の権利の体系としての私法はまだ完全に政治的要素から解放されず、私法秩序の自律性は単に経済的な私的自治以上の意味で国家権力に対する制約となりえたと思われる。カントにおいては生得の権利(自由と平等)が法理論の序論において扱われたのち公法(国法)の領域において再論され、能動的公民たるべき要件として自立性が付加されているのに対して、ツァイラーは生得の権利(とくに自己保存の権利)を私法に属するものとして扱うことにより、私的自治に明らかに政治的な性格を与えているのである。したがって、ツァイラーが行政の介入を許さない客観的・絶対的な私法の領域を確保するための私法法典の編纂の必要を説いたさいに、シュロッサーを援用しているのは偶然ではなかった。国家と法(私法)の二元論のカントによる再構成がオーストリアにおける法典編纂の停滞を打破するのに役立ったとしても、一般民法典は一面においてやはり良き旧きラント法の自律性を前提とするものであった。[11]

社会的に見ても、等族の勢力は、マリア・テレージア以来の諸改革、とりわけヨーゼフ二世の改革により弱められたとはいえ、土地所有によって、そしてまた官吏、軍隊、教会において維持され、レオポルト二世の下でむしろ強化されさえした。[12] 一九世紀に入ってからは多くの非貴族が官吏に登用されたけれども、伝統的な貴族の優越性は維持された。市民出身の法服貴族(noblesse de robe)が旧来の高級貴族に対抗する戦線を形成したこと、かれらが功績によって高級貴族の身分に組み入れられることにより等族の性格そのものが変化していったことは事実であるが、それにもかかわらず、オーストリアにおいてはプロイセンの場合と比べて遅くまで伝統的な政治社会、法共同体の構造が維持されたのであり、そのことが――行政《ポリツァイ》の立場から民事法を包摂した包括的法典ではなく――民事法に限定された法典の編纂を条件づけたのである。むろん、かりにオーストリアにおいて等族の勢力がさらに弱体化していたとすれば、少なくとも民法典の制定と並んで、行政法(ないし国法をも含む公法)についても統一的な法典編纂を実行することができたであろう。しかし、レオポルト二世の下でゾンネンフェルス(Sonnenfels)によって準備された統一公法典編纂の試みは、ヨーゼフ二世的平準化を断念したものであったにもかかわらず、各ラントの法と慣習に介入するものとして等族の抵抗を受け、レオポルト二世の死とともに公法典編纂の企図は全く挫折することになったのである。[13]

（1） Heinrich Strakosch, Privatrechtskodifikation und Staatsbildung in Österreich (1753–1811), 1976 の指摘による。

（2） 以下の本文で概観するオーストリアの行政機構整備の過程については、Friedrich Walter, Österreichische Verfassungs- und Verwaltungsgeschichte von 1500–1955, 1972 が詳しい。そのほかに、Heinrich Otto Meisner, Das Regierungs- und Behördensystem Maria Theresias und der preußische Staat, in: Die Entstehung des modernen souveränen Staates (hrsg. von Hans Hubert Hofmann) をも参照されたい。邦語文献としては、田熊文雄「十八世紀オーストリアにおける国制改革」(『西洋史学』九九号)がある。

（3） H. Strakosch, a. a. O. の指摘。

（4） オーストリアの法典編纂に関する本文の叙述は、主としてシュトラーコシュの研究による。なお、Kurt Ebert, Gesetzgebung und Rechtswissenschaft. Ein Beitrag zur Zeit des späten Naturrechts in Österreich, in: Zeitschrift der Savigny-Stiftung für Rechtsgeschichte, Bd. 85, Germ. Abt. をも参照。

（5） ハウクヴィッツ体制からカウニッツ体制への変化については、F. Walter, a. a. O., S. 89 ff. の詳細な叙述を見よ。

（6） シュトラーコシュによれば、ヨーゼフ二世の演繹的合理主義――したがってまた地方的・特殊的なるものの軽視――は、マルティニにおける「法の普遍的諸原理への執着と、歴史的現実に示された法の諸現象形態に対する完全な無理解」に対応するものであった。マルティニにあっては、国家の命令権力がきわめて単純に善の支配と同視されている。たとえばマルティニは、「すべての法律は善きことを命じ、悪しきことを禁ずる。したがって法律の最終目的は、われわれに関していえば、われわれが善きことを行なうことにより自分を完全なものとし、悪しきことを行なわぬことにより不完全から自分を守ることに存する」、と述べているが、ここに見られる国家と法の関係の単純な把握は、シュトラーコシュによれば当時の演繹的合理主義の特色を端的に示すものであった。マルティニの自然法論のこのような特色の指摘は、たとえば H. Conrad, Rechtsstaatliche Bestrebungen im Absolutismus Preußens und Österreichs am Ende des 18. Jahrhunderts などには見られないだけに、貴重であると思われる。なお、ヨーゼフ二世の極端な啓蒙絶対主義とその挫折については、Fritz Hartung, Der aufgeklärte Absolutismus, in: Absolutismus (hrsg. von Walther Hubatsch) を参照されたい。

(7) 西ガリーツィエン民法典は、プロイセン一般ラント法の場合と異なり、もはや政治社会を「諸団体と諸身分」から成るものとしてとらえてはいない。ここでは、「一定の規定の下に共同の目的を達成するため相互に結合している人々《メンシェン》を、社会《ゲゼルシャフト》と称する」(第一章第五条)とされ、「国家とは、人間の本性にふさわしい不変の窮極目的を達成するため共通の元首の下に結合した社会である」(同第六条)とされる。国家はなお政治社会としてとらえられるが、その政治社会は大幅に脱身分制化したものとして理解されているのである。

(8) カントがツァイラーを通じてオーストリア一般民法典に影響を及ぼしたこと自体は、すでに古くから指摘されている。しかし、両者の間に本文で述べるような内的・構造的関連があることを明らかにしたのは、シュトラーコシュの功績である。ただし、シュトラーコシュの指摘に対しては、なお公法 (öffentliches Recht) に関するカントの見解の検討を付加する余地があろう(一七八頁以下参照)。

(9) もっとも、一般民法典も、プロイセンのＡＬＲと同様に、分割所有権を承認している(第三五七条)。

(10) Franz von Zeiller, Das natürliche Privatrecht, 1802, S. 18.

(11) Heinz Mohnhaupt, Untersuchungen zum Verhältnis Privileg und Kodifikation im 18. und 19. Jahrhundert, in: Ius Commune, Bd. 5 は、一般民法典の性格について次のように指摘している。「平等の原理は追求されたが、身分制的諸権利はもっぱら憲法制定者の所管とされたことによって、不可侵のままに残された。ツァイラーはいう。《これらの私権が若干の国民については政治的規定により修正され、またはその他の国民の私権が制限される場合、そのような別途の規律があることを民事法典において示唆しておくことは必要だが、それが他の条文との関連において規定されている政治法典からこれを取り去って、民事法典のなかに持ち込むべきではない。こうした理由によって、国王留保権《レガーリエン》、貴族の諸権利、諸特権、不入権等は、民事法典においては規律されない》。オーストリアの立法者は、このような巧妙なやり方で、ツァイラーのいう《政治体制》と衝突することなく、政治的な起爆剤を抱え込むことを免れたのである」。なお、フランス民法典の起草者が――むろん特権の否認を前提としながらも――やはり良き旧き民事法の観念の延長上に、可変的な行政法に対する恒常的な民事法の優越性を強調していることについては、Jean-Etienne-Marie Portalis, Discours préliminaire(ポルタリス著・野田良之訳『民法典序論』)を見よ。

(12)　F. Walter, a. a. O., S. 122.

(13)　ソンネンフェルスの担当した諸改革については、Karl-Heinz Osterloh, Joseph von Sonnenfels und die österreichische Reformbewegung im Zeitalter des aufgeklärten Absolutismus, 1970 を見よ。

四　司法・行政・立法

オーストリアにおいて絶対主義によるラントの法の空洞化が立ち遅れたことのゆえに行政法と民事法との統合が断念され、一般民法典の編纂を見たとすれば、絶対主義的な平準化の進行したプロイセンにおいては、別のかたちで公法と私法の区別の前提が与えられた。オーストリア一般民法典における私的自治が良き旧きラント法の自律性との連続性を全く断ち切ったものではなかったのに対して、プロイセンでは、良き旧き法の自律性が行政《ポリツァイ》の介入によって相当程度に否定されたのちに、経済過程の自律性の意味に限定された私的自治の体系としての私法の観念が形成されることになるのである。

公法(öffentliches Recht)の概念について言えば、伝統的な法観念においては、国法《ユース・プブリクム》は行政法を含まず、むしろ民事法とともに君主の立法権の所産としての行政法を制約するものであった(シュロッサーについて見たところを想起せよ)。カントもまた、自然状態、政治状態(bürgerlicher Zustand)、および政治状態と等置される法的状態について説明し、私法が自然状態と政治状態＝法的状態との両者に、公法が政治状態＝法的状態のみにかかわるものであることを明らかにした上で、次のように述べている。[1]「後者〔政治状態〕は、前者〔自然状態〕において考えられるよりも多くの、またはそれとは別の、人間相互の義務を含むものではない。私法の素材《マテーリエ》は、両者において全く同一である。つまり、後者〔政治状態〕の法律《ゲゼッツェ》は、人々の集合(Beisammensein)の法的形式(すなわち憲法《フェアファッスング》)にかかわるにすぎず、そのことからしてこれらの法律を公法としてとらえる必要が生ずるのである。……自然状態における私法から、公法の公準がもたらされる。汝は、他のすべての者と共存しなければならないという事情からして、自然状態を脱して法的状態に——すなわち配分的正義の状態に——入らねばならない」。したがってカントによれば、公法とは、相互的な関係に立ちながら正義に与るために統一的な意思の下の法的状態(すなわち憲法)を必要とする国民《フォルク》(ないし諸国民)にとっての、諸法律の体系である、とされる。公法は法共同体の基本法、すなわち伝統的な国法《ユース・プブリクム》にほかならず、それが私法とともに法を構成するものとされるのである。これに対して、執行権を担当する君主ないし政府によって発せられる命令は、カントによれば法律ではなく布令(Verordnung, Dekret)にすぎず、したがって法の分野に属さない。政府ないし君主は、法律に服すべきであり、それゆえ立法権者(主権者)[2]としての国民《フォルク》の総意に従うべきものとされる。むろんカントは、こうして伝統的な国法《ユース・プブリクム》の観念を受けつぐ反面、法律に違反した君主に対する反抗権を明確に否認し、国民には異議申立の可能性のみを認める。しかもカントは、少なくとも『倫理の形而上学』においては国民代表による君主権力の制限を非合理《ウンディング》であるとし(ただし、課税に関しては、国民自身による課税が法に合した唯一の方法であるとする)、また司法権による行政の制約の可能性をも明示的に承認してはいないのであるから、実際には君主とその行政を相当に法(既得権の体系)から解放していると見なければならない。このようにすでにカントにおいて示された公法=国法《ユース・プブリクム》の空洞化、およびそれと関連した私法の脱政治化が、一九世紀に入って――とくにプロイセンにおいて――急速に進行することになったのである。それは、何よりもまず、行政《ポリツァイ》が完全に司法から解放され、民事事件に関する裁判所の管轄権が私人の権利《ユース・プリヴァトールム》にかかわる伝統的な司法事項から経済社会の法としての私法にまで縮減されてゆく過程として現れた。

このような発展は、すでに上記のスヴァレッツの理論において、そしてまた一九世紀初頭の普通訴訟法学者、ニコラウス・タデウス・ゲンナー(N. T. Gönner)によって示唆されている。ゲンナーの『ドイツ普通訴訟法要綱』(3)によれば、普遍的国法理論にしたがうかぎり、すべての権利侵害を司法事項と認めるのは正当でない。たしかに、臣民は誰でも、法律による判断を要求する権利をもっている。しかし、君主ないし政府が国法に違反したとき、臣民を法律に則して扱わなかったときには、権利侵害の事実にもかかわらず、臣民は裁判所に救済を求めることができない。政府がみずから国内の裁判所に服することはありえないからである。逆に、臣民が国家に対する義務を履行しないときは国家がこれを強制するが、この場合にも裁判所は無関係である。さらに、臣民が刑罰をもって禁圧されている行為を行なった場合、国家はこれを処罰するが、これもまた司法事項に属するものではない。「したがって、普遍的国法理論によれば、裁判権の対象は私的関係における権利についての国民の紛争に限定される。国民の権利をめぐる紛争に限定されるというのは、君主は裁判所に服しえないものだからである。さもなければ、裁判所が真の君主だということになるであろう。私的関係に限定されるというのは、憲法上の権利が侵害された場合は君主を相手方として争うことになり、したがって君主を裁判所に服せしめることになるが、それは国家権力の本質に反するからである」。

ゲンナーはこのように説きながらも、実務上は司法事項がその「理論的・自然的限界」を越えて拡大されていることを認める。ローマ法およびカノン法の影響によって、そしてまた「ドイツ人がいかなる恣意的権力をも好まず、権利侵害が認められるいかなる場合をも裁判権の及ばぬところとしなかった」ために、実務においては権利侵害の事実がありさえすれば司法事項と認めているのである。そのさい、権利侵害が私的事項に関して問題となったか、君主の権力の行使によって生じたかは無関係であり、要するに権利侵害がありさえすれば裁判所の救済を求めることができるとされている。このような実務は、帝国国制との関連においてのみ理解できるものである。「哲学的法理論によって基礎づけられる司法事項の概念からのこうした逸脱は、わがドイツの国制の特殊性に由来する必然的な結果なのである。国家権力がいかなる上位権力をも承認しないところでは、それはいかなる裁判官にも服さず、裁判官の活動の対象は国民相互の私的関係に限定される。国家の諸権益は、そこでは裁判上の争の対象にはならない。しかし、ドイツの諸国家は、上位の権力すなわち帝国に服しているのである」。

ゲンナーのいわゆる普遍的国法理論がピュッターによって代表される帝国国法論における司法事項の概念を批判し、裁判権の対象を国民相互の非政治的・経済的関係としての私法関係に限定しようとするものであったことは明白である。そして、この普遍的国法理論が実務上貫徹されえない主たる理由が帝国国制に求められるとすれば、その理論の実現のためには帝国の解体をまつほかはなかった。伝統的な良き旧き法の解体に最も成功したプロイセンにおいても、一八〇六年の帝国解体ののちにようやく行政の司法からの解放、司法の（経済社会の法としての）私法への限定が実現されるのであるが、まさにその結果として、良き旧き法の伝統から解放された近代私法の体系を明確な輪郭をもって提示するための前提が与えられたわけである。こうした転換は、一八〇八年一二月二六日のプロイセンの「地方行政・財政官庁の改革のための命令」(Verordnung wegen verbesserter Einrichtung der Provinzial-Polizei- und Finanzbehörden)、ことにその運用の過程によって跡づけられる[4]。

この命令は、一方において、行政・財政官庁のいわゆる行政司法《カンマーユスティーツ》を廃止した。行政司法も司法である以上法に拘束されるものであったとはいえ、通常の裁判所との対比においてはやはりラントの良き旧き法への拘束を比較的免れて君主の行政・財政目的に適合した裁判を行うことが期待されたことは事実であるから、行政司法を廃止してすべての司法事項を通常裁判所の手にゆだねることは、一見するところ司法に対する行政の譲歩を意味するもののごとくである。しかし、一八世紀後半のプロイセンにおいて実行された司法の官僚制化と、それに対応する民事訴訟制度の改革によって、とくに行政司法の存続に固執する必要がなくなったことにも留意しなければならない。司法の官僚制化についてはすでに概観したので、ここでは民事訴訟制度の改革について略説しておこう[5]。

近世の民事裁判は、自力救済を原理的に排除しながらも依然として本来前国家的な私人《ユース・プリヴァトールム》の権利の確定を目的とするものであったから、弁論主義的・処分権主義的な構造をもっていた[6]。むろん、近世の普通民事訴訟制度(gemeiner Zivilprozeß)に全く発展が見られなかったわけではない。その出発点となった帝室裁判所の訴訟制度においてはローマ・カノン法の影響の下に争点の逐次提出主義が導入されたのに対して、一六世紀末以降ザクセン選帝侯国を中心に形成されたいわゆるザクセン訴訟制度においては一括提出主義の採用により訴訟の促進がはかられた。原告が一括して提出したあらゆる争点に対して、被告は詳細かつ明確な抗弁を直ちに提出しなければならぬものとされたのである(争点決定)。この一括提出主義は、一六五四年の帝国議会最終決定による帝室裁判所訴訟制度の改革において採用され、逐次提出主義は争点決定後の証拠手続に関してのみ維持されることになった。しかし、このような改革にもかかわらず民事訴訟の弁論主義的構造は——プロイセンの場合を除けば——絶対主義の下においても変化しなかったのであって、たとえばヨーゼフ二世の下で制定された一七八一年のオーストリア一般裁判令(Allgemeine Gerichtsordnung)も弁論主義に立脚している。そして、弁論のためには、法律的学識によって当事者に助力する弁護士(Advokat)と、法廷において当事者の訴訟行為を代行する代言人(Prokurator)の活動が一般的に認められていたのである(弁護士と代言人の区別は、しだいに不明瞭なものになっていった)。

このような伝統的民事訴訟制度に対して、カルマーとスヴァレツによって起草され、一七八一年に公布されたプロイセンのフリードリッヒ法典第一部訴訟法(Corpus Juris Fridericianum, 1. Buch: Von der Prozeßordnung)は、職権主義の採用により一大変革をもたらすものであった。これによって裁判官が職権により真実を発見すべき義務を負うとされたのみならず、当事者もまた真実を供述するように義務づけられたのである。弁護士(ないし代言人)の活動は訴訟の遅延をもたらすものとして禁止され、その代りに裁判官の真実発見を助けるべき補佐官(Assistenzrat)と、訴訟外における法律的助言・代理業務ならびに公証人としての業務を担当すべき司法委員(Justizkommissar)の職が設けられた。これらの改革のうち弁護士の禁止は実効を伴わず、直ちに司法委員が弁護士の業務を行なうことになるのであるが、いずれにせよ、こうした民事訴訟の職権主義化を前提として一七九七年以降しだいに行政司法《カンマーユスティーツ》の縮小が実現され、一八〇八年に至ってすべての司法事項が通常裁判所の管轄とされるに至ったわけである。各地の上級裁判所は、ベルリーンの王室裁判所《カンマーゲリヒト》がその伝統的名称を保持したほかは、従来の政庁《レギールング》という名称に代えて上級ラント裁判所(Oberlandesgericht)と呼ばれることになり、従来の兵站＝直轄地局《クリークス・ウント・ドメーネンカンマー》が政庁《レギールング》という名称を受けついで、行政事項のみを担当することになった。

もっとも、一八〇八年の命令は、それ自体としては伝統的な司法事項の概念に変更を加えたものではなかった。[7] 伝統的な司法事項の観念を打破する可能性がすでにスヴァレツやゲンナーによって示唆されていたにもかかわらず、この命令は依然として、「特別の権原により有効に取得された権利」すなわち既得権が行政処分により侵害された場合に裁判所による法的保護が与えられるべきことを承認する(ただし、公共善のための必要によって一般的な市民的自由および自己の所有権の自由な享受の諸原理が侵されるにすぎない場合には、原則として補償請求権のみを認める)ことによって、一八世紀の帝国国法論の構成を受けつぐものであった。しかしながら一八一〇年以降、個別的な立法によって営業税、財産税、所得税、印紙税等に関する異議が逐次裁判所の管轄から除外されてゆき、一八三六年二月二四日の内務省通達はついに一八〇八年の命令に当初の意味と全く異なる解釈を与えることになったのである。すなわち、市民・村民の諸負担の賦課に関するこの通達は、諸負担を私法的なそれと公的なそれとに分類し、前者については裁判所に訴えることが許されるとした上で、次のように述べている。「ある市町村の成員がその資格において市町村に納付すべき負担については事情は全く異なる。この場合は、私権は全く問題にならない。けだし、市町村の成員がその資格において負担する義務は、その私法的処分の対象ではないからである。……こうした関係と、それから生ずる納付義務を確定し、その納付義務を配分することとは、疑問の余地なく高権の作用であり、一八〇八年一二月二六日の命令によれば高権は裁判権の対象たりえず、行政権が排他的にこれを管轄するのである」。このような解釈によって、裁判所は、もはや高権の行使によって既得権が侵害された場合にもこれを保護しえないことになった。今や、裁判所は、私人の権利《ユース・プリヴァトールム》の意味における——したがって諸高権と同列に位置づけられ、これに対抗しうる——私権の保護者ではなく、高権とは質的に区別された非政治的＝経済的権利としての私権の保護者、経済的な意味における私的自治の保障者としての役割のみを認められることになったわけである。ここに見られる行政の司法権からの解放は、プロイセンにおいては一八四二年五月一一日の法律によって完成されることになる。

第一条　あらゆる種類の行政処分についての異議は、合法性、必要性、合目的性のいずれに関するものたるとを問わず、上位官庁の管轄に属する。

それらの処分についての裁判は、私的所有に属する権利が侵害された旨の主張がなされた場合、以下の規定によってのみ許される。

第二条　行政処分によって義務を課せられた者が特別の条文または特別の権原によってその義務を免除されている旨主張したときは、免除の権利の有無およびその効果について裁判官による判断が許される。

第四条　行政処分に対抗して免除を基礎づける権利は存在しないが、個人の権利ないし利益が公益のため犠牲に供された場合補償がなされるべき旨の明文の規定があるときは、そのような侵害の有無および支払われるべき補償の額についての裁判が許される。この場合、行政官庁の裁量により原状回復が許されないときは、原状回復を要求することはできない。

この法律において、「特別の権原」は、もはや行政に対抗して主張されるべき既得権との関連でとらえられてはいない。契約や特権授与行為はもはやそれ自体として「特別の権原」と認められるものではなく、行政処分にしたがう義務を免れるためには――かつてスヴァレッツが負担法《アウフラーゲゲゼッツ》について説いたように――まさにその免除が「特別の権原」によって認められていることを要するものとなったのである。一八〇八年の命令と一八四二年の法律との間に大きな差異があることは明らかであろう。このようにして達成された行政の司法からの大幅な解放によって、プロイセンでは、私的自治の法としての民事法ないし私法と、公権力の行使に関する法としての公法との区別の前提がはじめて与えられたわけである。それゆえ、近代私法の体系が、行政の解放を完成した一八四二年の法律とほぼ同じ時期に、ベルリーン大学教授のサヴィニーによって確立されたことは、偶然ではなかった。サヴィニーによれば、法は国法(Staatsrecht)と私法(Privatrecht)とに二分される。[8] 前者が国家、すなわち国民《フォルク》の有機的現象形態を対象とするのに対して、後者は個々人の法的関係の全体を対象とするものにほかならない。そして、たとえば家族がその永続的構成、支配《レギーレン》と服従《ゲホルヒエン》の関係において国家に類似するなど、国法と私法との間には中間的存在がないわけではないけれども、公法(öffentliches Recht)においては全体が目的とされ、個人はこの目的に従属するものとして位置づけられるのに対して、私法においては個々の人間がそれ自体として目的とされ、あらゆる法的関係が個人の生存ないしその特別の状態のための手段としてとらえられる、という基本的な区別が存するのである。このような区別を提示した上で、サヴィニーは、私法の歴史的な前国家性(自然状態)を否定し、あらゆる国民《フォルク》が同時に国家《シュタート》として登場したことを強調する。国家のみが、国民精神《フォルクスガイスト》すなわち全体意思と抵触する個人の意思を――偶然的にではなく規則的確実性をもって――禁圧しうるのだから。しかも、国家は、私法の分野における法形成について決定的な影響力をもつ。いかなる内容の私法が形成さるべきか、私法に関してどの程度異なる地方的特別法の通用が許容さるべきか、等について、国家はきわめて大きな影響力をもつのである。このように説くことによって、サヴィニーは、公法に対する私法の依存性、国家による私法の定立可能性を原理的に承認するわけである。しかも、その公法には、民事訴訟法、刑法、刑事訴訟法も含まれるものとされる。こうして私法は――家族法は別として――経済社会の法としての性格を強めた。[9] 行政から解放された私法は、国家の任務にかかわる民事訴訟法と刑事法からも明確に区別されることになったわけである。

もとより、行政の司法からの解放は、直ちに行政の無制約な展開を意味するものではない。一方において裁判所が良き旧き権利の保護者としての役割を失ったとしても、他方において、かつて君主の統治が良き旧き法に合したものたることを保障した等族の助言と助力、とりわけその課税同意権は、立憲君主政における議会の課税同意権、予算審議権として存続した。[10] そのさい、課税同意権、予算審議権の根拠は、しだいにヘルシャフト的性格を失ってゆく「自由と所有権」の定式に求められる。[11] プロイセン改革の推進者フライヘル・フォム・シュタイン(Freiherr vom Stein)においては、自由とは隷民制からの農民解放を中心とし、所有権とは諸負担を免れた自由な所有権を中心とする観念であって、そのかぎりですでにヘルシャフト的性格を希薄化したものであったが、それにもかかわらずシュタインは「自由と所有権」を純粋に経済的に把握するには至らず、恣意的な逮捕の禁止、裁判の独立、移転の自由、新聞の自由をも含む政治的権利としてこれを理解した(12)。そして、「自由と所有権」にかかわる法律の制定にさいしては(身分制的)議会(Landstände)の共働を不可欠とした。そのことによって、シュタインは、政治社会の伝統を再生させようとしたわけである。

このようなシュタインの構想は、かれの影響下に編纂された出身地ナッサウの憲法(一八一四)に示されている。この憲法において、ナッサウ太公は次のように宣言する。「朕はここに、所有権と人格の自由の確保を朕の身分制議会の共働によって保障すべきことが、朕自身にとっても朕の統治の後継者にとっても永久不変であることを約束する」。そして、この憲法によれば、「市民的自由、営業の自由および租税の平等を目的とする法律ないし制度によって認められた諸権利は、身分制議会の同意がない限り、朕または朕の統治の後継者によって変更されてはならない。さらに、所有権と人格の自由と国制とに関する重要な新法律は、身分制議会の助言と同意なしに制定されてはならない」、とされる。同時に、シュタインの構想は、ヴィルヘルム・フォン・フンボルト(W. von Humboldt)の起草になるヴィーン会議のプロイセン原案に拡張されたかたちで採用された。それは、ドイツのすべての邦において人格の自由と所有権に関する法律の制定にさいしては身分制議会の審議が必要であるとするとともに、すべてのドイツ人に対して、他邦への移転の自由、他邦において官吏または軍人として勤務する自由、邦の法律により、かつ正規の裁判官によらざるかぎり人格の適法な自由と安全を奪われない権利、所有権の保障、人格の自由ないし所有権の侵害に対し正規の裁判官の裁判を受け、場合によってはドイツ同盟に異議を申立てる権利、一定限度の新聞の自由等々の諸権利を認めるものであった。それにもかかわらず、ドイツ同盟規約第一八条は各加盟国の臣民に対して他邦への移転の自由、他邦において官吏または軍人として勤務する可能性等を認めたにすぎず、また、一八二〇年五月一五日のヴィーン最終規約も、ドイツ同盟加盟国の臣民に対してある程度の基本権を約束《ツージッヒエルン》するほか、「ドイツのすべての邦において身分制的代表制をとる」という同盟規約第一三条を再確認するにとどまった。プロイセン改革の初期に見られた政治社会の再構成への志向は、このようにしてまずヴィーン会議において挫折し、ついでプロイセン国内においても後退してゆくのである。しかし、三月革命に至るまで憲法制定が実現されなかったプロイセン(およびオーストリア)の場合と異なり、ヴィーン会議以降立憲君主政的憲法をもつことになった各邦においては、少なくとも身分制議会の課税同意権と予算審議権が憲法上承認されることになった。

すなわち、たとえば一八一八年五月二六日のバイエルン憲法は、「王国の議会の審議と承認なしには、国民の人身の自由と所有権にかかわる新たな一般的法律を制定することはできず、また、既存の同様な法律を改正し、公権的に解釈し、または廃止することはできない」(第七章第二条)とし、さらに、「国王は、すべての直接税の徴収、新たな間接税の徴収、および既存の間接税の増額ないし変更のために議会の同意を求めるものとする」(同第三条)として課税同意権を承認するとともに、「それゆえ議会には、その開会後、国家が必要とする支出の正確な一覧と、すべての国家収入(予算案《ビュジェー》)が提出され、議会はこれを委員会によって吟味したのち徴収すべき租税について審議するものとする」(同第四条)として予算審議権を認めている。「国王は国家の元首であって、国家権力のすべての権利を一身に統合し、みずから定め本憲法において確定された諸規定の下にこれを行使する」と宣言し、一八一四年のフランスの憲章《シャルト》にしたがって君主政原理(monarchisches Prinzip)を信奉することを明らかにしたこのバイエルン憲法においては、人身の安全と所有権の保障(第四章第八条第一項)にもかかわらず、公共目的のためには私的所有権が国務院(Staatsrat)の決定によって——補償とひきかえに——接収されうるものとされており(同第四項)、行政の司法からの解放が実現されている。しかし同時に、人身の自由と所有権にかかわる一般的法律[13]の制定、および租税の賦課・徴収による所有権への介入には議会の同意が必要とされ、それとの関連において議会の予算審議権が規定されているわけである。司法から解放された行政は、私的自治の保障に必要とされるかぎりで、国民の共働を要素とする立法によって制約されたということができよう。それが、一九世紀ドイツにおける法治国家(Rechtsstaat)の存在形態であった[14]。

(1) Kant, Metaphysik der Sitten, Rechtslehre, 1. Teil. Das Privatrecht, § 41 ; 2. Teil. Das öffentliche Recht, §§ 43–49.

(2) もっとも、主権者についてのカントの定義は相当に曖昧であり、かれは同じ Rechtslehre において「最高命令権者」としての君主を主権者としてとらえている。カントの多義的な主権概念については、Peter Burg, Kant und die Französische Revolution, 1974, S. 165 ff. を見よ。

(3) Nikolaus Thaddäus Gönner, Handbuch des deutschen gemeinen Prozesses, Bd. 2, 1804.

(4) プロイセンにおける行政の司法からの解放については、Wolfgang Rüfner, Verwaltungsrechtsschutz in Preußen von 1749 bis 1842, 1962 がすぐれた研究である。なお、村上淳一「《良き旧き法》と帝国国制㈢」をも参照されたい。

(5) 近世の民事訴訟を概観するためには、Hermann Conrad, Deutsche Rechtsgeschichte, Bd. 2, S. 456 ff. が役に立つ。詳細な研究としては、Falk Bomsdorf, Prozeßmaximen und Rechtswirklichkeit. Verhandlungs- und Untersuchungsmaxime im deutschen Zivilprozeß vom gemeinen Recht bis zur ZPO, 1971 がある。なお、鈴木正裕「一八世紀のプロイセン民事訴訟法——職権主義訴訟法の構造㈠—㈢」(『神戸法学雑誌』一三巻三・四号、一四巻二号、四号)をも参照。

(6) 近世初期の普通民事訴訟法の文献においては民事訴訟は ius civile に属するものとされていたが、グロティウス以降の自然法論においては、自力救済の普遍的に行なわれた自然状態との対比において、民事訴訟は契約によって形成された政治社会の制度とされ、しだいに国法(ius publicum)に属するものとしてとらえられるようになった。これに対してカント以降の訴訟理論においては、民事訴訟は再び私権の保護を目的とするという側面においてとらえられ、したがって、たとえばゲンナーにおいても、民事訴訟法は私法に属するものとされるに至っているのである。このような変化について、Knut Wolfgang Nörr, Naturrecht und Zivilprozeß, 1976 を参照。

(7) 以下の本文の叙述も、主としてリュフナーの研究による。

(8) Friedrich Carl von Savigny, System des heutigen römischen Rechts, Bd. 1, 1840, S. 21 ff. サヴィニーにおいては、行政《ポリツァイ》は、少なくとも明示的には公法に属するものとして言及されていない。行政法は一九世紀後半の行政裁判制度の確立とともに、公法の一分野として認知されることになるのである。なお、サヴィニーの国家論については、河上倫逸「歴史法学の国家思想——サヴィニーを中心として」(『法制史研究』二四号)がある。

(9) もっとも、意思の支配領域のみを既得権として保護すべきものとし(七七頁参照)、一般に権利を「意思の力」として定義したサヴィニーにあっては、その定義は意思の抽象性において経済社会の自律性を指向するのみならず、支配ないし力の要素によって、自権者の自力により担保された前国家的権利という観念(ツァイラーの場合を見よ)とのつながりを示すものであった。イェーリングにおいてはじめて、権利は「法的に保護された利益」として国家意思に依存したものとなる。そのような変化を俟ってはじめて「公権」の観念も承認の可能性を見出しえたのであり、これを前提として「公法」の体系化が試みられることになるのである。

(10) 立憲君主政における議会の課税同意権、予算審議権については、とりわけ、Ernst-Wolfgang Böckenförde, Der Verfassungstyp der deutschen konstitutionellen Monarchie im 19. Jahrhundert, in: Moderne deutsche Verfassungsgeschichte (hrsg. von E.-W. Böckenförde) を参照。

(11) 「自由と所有権」の条項が(身分制)議会の権限を画定する機能を果したことについて、村上淳一「近代法体系の形成と《所有権》」(『法学協会雑誌』九三巻二号)をも参照されたい。

(12) この問題に関するシュタインの見解は、Franz Rosin, Gesetz und Verordnung nach badischem Staatsrecht, 1911 において詳細に紹介されている。なお、村上淳一「近代法体系の形成と《所有権》」をも参照。シュタインにおいて重要なのは、「自由と所有権」(Freiheit und Eigentum) がもはや身分制的＝具体的な「諸権利と諸自由」(iura et libertates) ではないにもかかわらず、抽象的な人格の自由とそれにもとづく所有権に政治社会の基礎づけの機能を期待した点にあった。ただし、シュタインが推進した都市自治における身分制的要素について、村上淳一「プロイセンの都市自治とサヴィニー」(『ドイツの近代法学』所収)を見よ。

(13) 一般的法律の観念については、村上淳一「法律の《一般性》について」(鈴木禄弥＝五十嵐清＝村上淳一編『概観ドイツ法』所収)のほか、Rolf Grawert, Historische Entwicklungslinien des neuzeitlichen Gesetzesrechts, in: Studien zum Beginn der modernen Welt (hrsg. von R. Koselleck), S. 239 f. をも参照。

(14) Dietrich Jesch, Gesetz und Verwaltung. Eine Problemstudie zum Wandel des Gesetzmäßigkeitsprinzipes, 1963 をも参照されたい。憲法制定権力(pouvoir constituant)という視角から見れば、フランスの一七九一年憲法およびこれにならった一八三〇年のベルギー憲法が国王を憲法によって認められた権力(pouvoir constitué)として位置づけたのに対して、ドイツの立憲君主政においては君主はまさに憲法制定権力であり、「自由と所有権」にかかわる事項に関してのみ議会の制約に服した。

第四章　平和と法

一　フェーデと平和

中世ドイツのラントの法共同体、平和共同体としての性格を強調したオットー・ブルンナーは、その研究を、実力行使《フェーデ》についての考察の上に展開した[1]。広義のフェーデはすべての身分を通じて殺人・傷害・重大な侮辱に対して行なわれた血讐(Blutrache)と、すべての紛争について、しかし貴族ないしこれに準ずる領主《グルントヘル》およびゲノッセンシャフト的諸団体にとってのみ許された騎士フェーデ(Ritterfehde)とを含むものであるが、この広義のフェーデ、すなわち敵対行為(Feindschaft)の対立概念は平和《フリーデ》、ないしこれと語原を同じくする友達《フロインデ》の状態にほかならない。平和とは、法が侵害されていないゆえに実力が行使されてはならない状態、平静《ルーエ》が支配している状態すなわち平穏《ゲマーハ》であり、中世末期の史料には「平和と平穏」という定式がきわめて頻繁に見出される。そもそも平和《フリーデ》とは、本来は愛(Liebe, Minne)を意味したのであって[2]、その愛は、自然的状態としては血縁関係において存在した。家と並んで最も原初的・自然的な血縁団体である氏族《ジッペ》において、その成員はとりもなおさず友達《フロインデ》であった(二〇世紀に入っても農民の日常用語においては、友達《フロインデ》という表現が親族を指すことは少なくない)。友達《フロインデ》は血縁者として血讐にさいして当然の助力者となり、騎士フェーデにおいても助力者の筆頭に挙げられたのである。

ところで、ブルンナーによれば、すでに原始時代(Urzeit)において、平和とフェーデの観念は血縁団体に限定されることなく通用するものになっていたが、中世においては——平和とフェーデがもった当初の意味についての記憶が全く消滅することはなかったにせよ——血縁団体の意義はますます減少していった、とされる。今や、家の平和、ジッペの平和に加えて、ラントの平和(Landfriede)の観念が登場する。[3] ゲルマン人の国《キヴィタス》ないし部族《シュタム》において、そして中世のラントにおいても、平和の観念が支配したのであり、平和の状態において結合している仲間は血縁団体の場合と同様に友達《フロインデ》と呼ばれた。しかし、血縁団体においてはその成員相互の「正しいフェーデ」はありえず、成員を攻撃した者はすべて当該血縁団体全体の敵対者となったのに対して、ラントにおいては、ラントの平和そのものを脅やかすことなしに、成員相互の「正しいフェーデ」が行なわれるようになった。この正しいフェーデはまさに権利＝法のための闘争(Kampf ums Recht)にほかならず、自己の権利を侵害された者はフェーデを行なうか裁判に訴えるかを選択しえたのである。裁判は本来、裁判所において宣誓の下に戦われる決闘にほかならなかった(訴による非難に対して、被告——および宣誓補助者——は自己の人格と財産を賭して雪冤宣誓を行なったのであり、この宣誓を非難した者は、すべての宣誓者を相手どって決闘を行なわねばならなかった)。貴族は遅くまで、フェーデの権利と並んで裁判上の決闘権を有していた。裁判所が判決を下す場合にも、それはいずれの当事者が権利を有するかを明らかにするだけであり、勝訴判決を得た者はみずからこれを執行しなければならなかった。むろん、この執行に抵抗した者は、法共同体全体の敵として、平和喪失の状態に置かれたわけである。

もとより、君侯《ランデスヘル》は完全なフェーデ権を貴族だけに認め、市民と農民については殺人等の場合の血讐権のみを承認した。しかも、この血讐権は、しだいに君侯のいわゆる流血裁判権(Blutgerichtsbarkeit)によって置き換えられてゆく。しかし、フェーデを禁止して裁判の道を選ばせること、しかも判決が勝訴者の実力行使によってではなく国家的執行によって強制されるという前提の下に裁判の道を選ばせるということは、「国家と法の構造の根本的な変更」(ブルンナー)を意味したのであり、したがって中世においてフェーデ禁止が長期間にわたって奏効したのは、近代国家のモデルとみなされるノルマン人諸国家(ノルマンディー、シチリア、イングランド)においてのみであった。その他の場合、たとえば一二世紀中葉の皇帝フリードリッヒ・バルバロッサのフェーデ禁止や、一三世紀中葉以降頻繁に見られたフランス国王のフェーデ禁止は、十分な実効性をもたなかった。フランスではようやく一五世紀後半にルイ一一世が、ドイツでも一四九五年のヴォルムスの永久ラント平和令が、はじめてフェーデの排除に成功したのである。(4) もっとも、永久ラント平和令制定後も、帝国等族・帝国騎士の間のフェーデは一六世紀前半まで存続した。一五三二年のカール五世刑事裁判令(5)(Kaiser Karls V. und des Heiligen Römischen Reiches peinliche Gerichtsordnung, Constitutio criminalis Carolina)は、裁判所が裁判を拒否した場合などに「許されたフェーデ」を認めている。帝室裁判所、および帝国等族の執行機関としての帝国クライスがある程度機能するようになってはじめて——とくに一五五五年の帝国執行令(Reichsexekutionsordnung)以降——フェーデは全面的に排除されることになったのである。

このような発展から明らかなように、フェーデの禁止は一片の命令によって実行されえたものではなく、永続的な平和の実現のための国家と法の構造変化の成果として達成されたものであった。中世のラント平和令は、したがって、性急なフェーデ禁止よりも、フェーデ権を原理的に承認しながらその要件と態様を法的に規律し、裁判制度の整備(とくに流血裁判権の確立)によってフェーデを排除してゆくことをめざした。そのさい、刑事裁判の構造そのものが組み替えられ、フェーデとの関連を示す伝統的な被害者訴追主義に代って糺問主義が登場することになる。(6)

伝統的な裁判においては、訴は被害者(ないしその友達《フロインデ》)によって提起された。裁判所は職権によって事実を調査することなく、すべてを当事者のイニシァティヴにゆだねた。それゆえ、裁判上の決闘ないしそれに代るものとしての神判は、何よりも重要な意味をもったのであって、一三世紀はじめのザクセンシュピーゲルにおいてもなお神判についての言及が見られる。しかし、ほぼそれと同じ時期に、皇帝フリードリッヒ二世は、シチリア王国において神判を禁止し、決闘を制限した。ドイツでも一三世紀以降、被害者(訴追者)側の目撃証人による立証がしだいに認められ、被告の雪冤宣誓の可能性を排除していった。そのさい、被告がみずから証人を立てて訴追者側証人の証言を争い、判定を裁判所にゆだねることは、裁判所のイニシァティヴを否定する伝統的な手続を維持するかぎり許されなかったから、雪冤宣誓という制度の否定はさしあたり被告の立場を著しく不利にした。こうした欠陥を克服するために、糺問主義への転換が不可欠となったのである。糺問主義においては職権により開始され遂行される訴訟において客観的真実が職権により糺明(inquirere)される。そのような糺問主義訴訟(Inquisitionsprozeß)は、とりわけラント平和令の実施に伴って必要とされたのであり、一二三五年のマインツのラント平和令以後はラント平和令によって糺問主義的手続が形成されていった。いうまでもなく糺問主義においては形式的な証拠制限は克服され、職権による真実発見のためにとりわけ被疑者の取調べが重要な役割を演ずることになる。自白は「証拠の王」となり、自白を得るためには拷問が必要とされた。こうして拷問は、一三世紀以降のラント平和運動の展開とともに急速に全ドイツに広がることになった。

このようにして拷問と結びついた糺問主義は、シュヴァルツェンベルク(Schwarzenberg)によって編纂された一五〇四年のバンベルク刑事裁判令およびそれを受けついだ一五三二年のカール五世刑事裁判令の特徴をなしている。これらの刑事裁判令は、外見上は訴追による訴訟の開始を原則とするものであるかのごとき印象を与えるが、訴追によって開始された手続においても、訴追者が被告の罪責を立証しうるか否かが決定的意義をもったわけではない。訴追者がその立証に成功せず、間接証拠を提出しえたにすぎない場合も、被告は当然に証拠不十分のゆえをもって無罪とされたのではなく、職権によって、そして必要な場合は拷問により真実が糺明された。それゆえ、手続が訴追によって開始された場合も、それは一旦開始された以上糺問主義的な性格を示すものであった。

近世の領邦権力がこの糺問主義的刑事裁判によって平和秩序の維持という任務を果そうとしたことは、いうまでもない。(7) 刑事裁判が公共善の実現のための行政《ポリツァイ》の一部をなすことになったかぎりで、公共の秩序が犯罪によって脅やかされた場合君主はただちに糺問を行なわせ、その結果にもとづいてみずから判決を下すか、または、裁判官に裁判をゆだねた上でその判決を吟味した。私人の権利《ユース・プリヴァトールム》に関する司法事項《ユスティーツザッヘ》については君主ないしその行政《ポリツァイ》の介入が拒否されたのに対して、まさに行政の一部にほかならぬ刑事裁判については、君主は文字どおり最高の裁判権者としてみずからこれを担当し、または裁判所を指揮しえたのである(したがって、当時の通念によれば、刑事事件は司法事項には属さないものとされた)。そのさい、しばしば君主の手足として糺問の任に当ったのが、国庫局(Fiskalat)なる官庁ないし国庫官(Fiskal)なる官吏である。ブランデンブルク＝プロイセンでは一五世紀に各裁判所・行政官庁に付置された国庫局が法令の遵守を監視し、とくに君主の財政上の利益を確保する役割を演じていたが、この国庫局が一六世紀以降刑事事件にさいして糺問を行なうことになった。他方、たとえばヘッセンやメクレンブルク、ザクセン選帝侯国などいくつかの領邦においては、訴追により手続が開始されはしたが、国庫局ないし国庫官が私人の訴追と並ぶ公的訴追の担当者となった(帝室裁判所では、帝国国庫局《ライヒスフィスカラート》が訴追を担当した)。近世の刑事手続は、全体として糺問主義的色彩を強めていったのである。

他方において、訴追主義(=弾劾主義)訴訟(Anklage- oder Akkusationsprozeß)が依然として維持されていた限りで、それは普通民事訴訟の形式をとったものとなり、したがって被告にとってより多くの防御の機会を与えるものとなっていた。すなわちそこでは、訴追者は少なくとも拷問に熟するところまで間接証拠による立証を行なう必要があり、被告には反証の提出が認められたのである。弾劾主義はこのように被告にとって相対的に有利なものであったから、等族がなお絶対主義的権力に対して自立性を主張しえたところでは、かれらは弾劾主義を固執した。これに対して領邦君主の立場から見れば、弾劾主義は訴訟の引きのばしを可能にするゆえに好ましからざるものであり、また、民事訴訟の場合と同様に両当事者が訴訟外で和解し、訴追者がもはや手続の追行に協力しなくなるおそれがあった。それは、犯罪人の処罰によって公共の秩序を維持すべき君主の使命の遂行を困難にするのみならず、罰金を命ずべき場合には国庫収入の減少をもたらすことによって君主の期待に反した。それゆえ、一七世紀以降、訴追者が訴追を取り下げ、またはある程度の立証に成功しない場合は、裁判官に糾問主義的介入を認める見解が有力になった。同じ変化は、被害者(訴追者)と被告との和解の効果如何という問題についても、指摘できる。(8)

中世におけるフェーデは、暫定的な平和の実現のために一時的に中断されることもあったが、和解(Sühne)によってフェーデに終止符が打たれることもあった。そのさい、一切のフェーデと敵対行為をやめること、傭兵を解雇すること、捕虜を釈放すること、占領地を無償で返還すること、相互の損害は棒引きにすること等が取りきめられ、共同体からの排除を宣言したすべての文書が相手に引き渡された。しかし、そればかりでなく、裁判による紛争の解決がはかられているときにも、裁判外の和解によって決着がはかられることも少なくなかった。和解を仲介したのは親族や友達、そしてたとえば都市の市長や参事会員のような有力者であり、教会であった。教会が仲介する場合には、とりわけ、加害者が巡礼に出たり、死者のためのミサを挙行したりする義務を負ったが、一般的には財産的醸出による贖《ジューネ》い＝和解がなされた。そのさい、仲介者は一定の分け前を期待することができたのである。それゆえ、すでに中世において、当事者相対の「内密の和解」を禁止する傾向が認められるが、こうした傾向は近世に入っていっそう強まった。たとえば一六〇二年と二一年のアルトマルク(ブランデンブルク)の宮廷裁判所＝ラント裁判所令は、弾劾主義訴訟の訴追者に対して、裁判官の了承なしに被告と和解することを禁止し、そのような和解がなされた場合は、今度は糾問主義的な手続が再開さるべきことを定めている。一六〇〇年に、殺人事件の被害者の遺族が犯人から贖罪金を受け取るのとひきかえに和解に応じた事例では、和解にもかかわらず死刑の判決が下され、一六五五年にも、ベルリーンの枢密院が、同様の場合について、和解が糺問主義的手続の進行を阻止しえないことを明らかにしている。こうして和解は、訴訟の進行に影響を及ぼしえない裁判外の宥恕にすぎぬものとなったのである。

このようにして、絶対主義の下においては、弾劾主義から糺問主義への完全な転換をめざす努力が展開された。その典型的な例は、やはり、絶対主義的領邦権力が最も急速に形成されたプロイセンに見られる。[9] ここでは、一七一七年の刑事条令がクールマルクについて、また一七二四年の「糺問訴訟の促進と各種濫用の是正のための勅令」(Edikt wegen Abkürzung derer Inquisitions-Proceße und Abstellung verschiedener Mißbräuche)がすべてのラントについて、弾劾主義訴訟を完全に廃止した。むろん、こうした徹底的な転換は、どの領邦においても可能であったわけではない。しかし、依然として訴追が手続開始の要件とされる場合にも、国庫官《フィスカール》が訴追を担当するかぎりでその取調べはすでに糺問《インクイジツイオ》と呼ばれえたのであって、手続は全体として、予備手続における糺問主義と本手続における弾劾主義との複合物たる性格を示すようになった。ところで、このような刑事訴訟の糺問主義化は、領邦君主がそのかぎりでラント法共同体の解体に成功し、みずから平和秩序の維持者たる役割を演じうるようになったことを意味する。今や、所有権ないし私人の権利《ユース・プリヴアトールム》に関する紛争が基本的に法共同体の内部で、司法事項として――プロイセンにおける職権主義化を例外として弁論主義的な――民事訴訟により処理されうるのに対して、生命・身体を中心的な法益とする平和秩序の維持は君主の任務となり、これに対する侵害が行政《ポリツァイ》の一部としての糺問主義的刑事訴訟によって、峻厳な刑罰をもって禁圧されることになった。すなわち、一三世紀以降フェーデを許容すると同時にその無限の連鎖を断ち切る機能を果してきた同害報復観念は、一六世紀に入るとカルプツォウ(Carpzov)によって代表される神政主義的刑罰観により補強される。それによれば、すべての統治権力は神に由来するものであり、したがって犯罪は世俗の規範に対する侵害であるにとどまらず神の法(ius divinum)に背く罪でもある、とされた。しかし、この神政主義的刑罰観は、平和秩序を維持すべき君主の排他的職責の正当化にある程度役立ちはしたものの、依然としてなお犯罪と刑罰との関係を操作化するものではなかった。これに対して一七世紀以降の自然法論においては、犯罪と刑罰に関する理論の世俗化が進行する。犯罪はしだいに神の法に対する違反としての色彩を失い、絶対主義的な意味での公共善の実現という国家目的に対する攻撃として理解され、したがって刑罰もこの目的達成のための必要という観点からとらえられることになった。[10]

　この変化を端的に示すのが、一七世紀以降における自由刑の普及である。[11] 中世においては、法共同体にとっての重大な犯罪に対する刑罰は法共同体からの排除(追放刑《アハト》)ないしその代替物(とくに身体刑)であり、その他の犯罪は大幅にフェーデにゆだねられていたから、犯人を法共同体の内部にとどめながら処罰する自由刑(懲役刑)は重要な意味をもたなかった。監獄(Gefängnis)は原則として、訴訟進行中および処刑に至るまでの期間犯罪者を収容する施設にすぎなかった。一四世紀以降、都市においては長期間に亙る自由刑も行なわれるようになったが、監獄の惨状を見ればこの自由刑はむしろ身体刑というべきものであった。これに対して近世に入ると、公共善の実現に奉仕すべき行政《ポリツァイ》の一環として、放浪者・貧困者の収容施設としての矯正院(Zuchthaus)が設けられ、それがしだいに自由刑を行なうための刑務所としての性格を帯びることになる。すなわち「労働による教育」のための施設はカルヴィニズムの影響の下に一六世紀中葉のイギリスに登場し、これを受けついだオランダにおいて一六世紀末にアムステルダムの男子矯正院、女子矯正院が設立されるに至ったが、これらオランダの矯正院は当初から、浮浪者・貧困者のみならず犯罪者のための教育施設としての性格をもつものであった。きびしい規律の下で、男子は主としてブラジル産の堅い木材を挽く作業に、女子は主として糸紡ぎに従事し、少年に対しては授業も行なわれた。労働にふさわしい食事と、病気のさいの医療についても配慮がなされた。むろん労働はきわめて苛酷なものであったが、施設への収容は決して社会からの隔離のみを目的としたのではなく、あくまでも労働による矯正を主目的としたのである。このアムステルダムの矯正院を模範として、一七世紀に入るとドイツでもまずハンザ諸都市に、ついでいくつもの領邦に矯正院が設置され、一八世紀にはすべての領邦でこうした施設が見られるようになった。そこでは、エストライヒ(Oestreich)のいう紀律化[12](Disziplinierung)に奉仕すべき自由刑が行なわれたのである。

エストライヒによれば、絶対主義は、身分制的自由に対抗して、公的生活領域のみならず私的生活領域においてもあらゆる活動を制御しようとしたのであるが、その過程の全貌をとらえるためには、集権化と制度化を主たる要素とする合理化(Rationalisierung)の観念は不十分である、とされる。エストライヒは、むしろ紀律化という概念を使用することによって、個々の人間の精神的・倫理的な、そしてまた心理的な構造変化をも直接視野に収めようとするのである。この紀律化はむろん何よりも軍隊と官僚組織、そして企業において進捗したが、そればかりでなく、上は宮廷生活から下は一般臣民の生活に至るまで、すべてのレベルで紀律化が進行した。ルイ一四世の生活でさえ起床から就寝に至るまできびしく紀律されていたのであり、宮廷における勤めほど儀礼と形式により徹底的に紀律化されたものはなかった。人間は弱きものであるから、生活の支えとして形式的な紀律を必要とする、と考えられたのである。紀律と秩序の維持されている状態は、奴隷状態ではなく倫理的な状態と解された。家をはじめとするさまざまの自立的権力による法共同体が弛緩した分だけ、紀律化を進めて倫理的秩序を維持する必要が生じたのであって、矯正院における自由刑も、まさにこの紀律化傾向を臣民一般、ことに下層の臣民にまで及ぼすものであったと考えられる。むろん、法共同体からの排除という伝統的な刑罰観が直ちに消滅したわけではない。エーベルハルト・シュミットの挙げる例(時期不詳)によれば、マクデブルクにおいて二人の盗賊のうち一方が「手仕事を習得しキリストの教えを熱心に学ぶために」二年間の(矯正院における)懲役刑に処せられたのに対して、他方が「三年間の築城労働をもって罰せられ、その後は永久に国外に追放される」ものとされたが、そのことは、新旧二つの刑罰観の並存を物語るものである。また、ブルンナーは、近代のイギリス法における法律上の死亡(civil death)の観念にも、旧き刑罰観の残存が認められることを指摘している。これに対して一八世紀のヨーロッパ大陸においては、重大な犯罪者を法共同体の敵とみなす伝統的な観念は色あせていったが、それにもかかわらず、絶対主義的紀律化が最終的にこれにとって代ったというわけではなかった。

(1)　フェーデに関するブルンナーの所説の詳細については、O. Brunner, Land und Herrschaft, S. 1 ff. を見よ。フランスの研究をも参照しつつフェーデを論ずるものとして、堀米庸三『ヨーロッパ中世世界の構造』所収の、「中世後期における国家権力の形成」をはじめとする諸論文がある。

(2)　平和《フリーデ》の概念史については、Wilhelm Janssen, Artikel "Friede", in: Geschichtl. Grundbegriffe, Bd. 2 を参照されたい。

(3)　ラントフリーデに関する詳細な研究として、Joachim Gernhuber, Die Landfriedensbewegung in Deutschland bis zum Mainzer Reichslandfrieden von 1235, 1952; Heinz Angermeier, Königtum und Landfriede im deutschen Spätmittelalter, 1966 がある。日本の研究としては、堀米庸三氏の前掲書所収諸論文のほか、石川武「ドイツ中世の平和運動における《公共性の理念》」(『歴史学研究』一七二、

一七三号)を見よ。なお、Karl Kroeschell, Deutsche Rechtsgeschichte, Bd. 1, S. 186 f. によれば、ラントフリーデという表現は中世後期にはじめて領域の平和について形成されたものであり、時として国王の平和(königlicher Friede)を意味することがあったにすぎない。一四九五年の永久ラント平和令までは、ラントの平和という表現は公式に帝国レベルの平和について用いられることはなかった、とされる。しかし一般には、ラントフリーデの概念は——国王の平和をも含めて——かなり広義のものとして理解されている。ブルンナーにおけるラントフリーデの概念も、かれのいわゆる部族ラントの観念にまで対応するものとして、広い意味で用いられている。

(4) ただし、ヴォルムスの永久ラント平和令はもはや皇帝の命令として制定されたものではなく、皇帝と帝国等族の合意の所産であった。帝国ラントフリーデの担い手の変化(国王→帝国等族)について、H. Angermeier, a. a. O. の詳論するところを参照されたい。

(5) カール五世刑事裁判令が、この時代の帝国のその他の諸条令(Ordnungen)と同様に、一つの規準としての意味をもつものでしかなかったこと、したがって領邦君主が別様の規律を行ないえたことについては、Gerhard Schmidt, Sinn und Bedeutung der Constitutio Criminalis Carolina als Ordnung des materiellen und prozessualen Rechts, in: Zeitschrift der Savigny-Stiftung für Rechtsgeschichte, Bd. 83, Germ. Abt. を見よ。

(6) 被害者訴追主義から糺問主義への発展については、Eberhard Schmidt, Einführung in die Geschichte der deutschen Strafrechtspflege, 3. Aufl., 1965, S. 65 ff., 104 ff. による。邦語文献として、塙浩「刑罰の歴史——西洋」(荘子邦雄=大塚仁=平松義郎編『刑罰の理論と現実』所収)がある。

(7) 近世の領邦における糺問主義の展開についても、主としてE. Schmidt, a. a. O., S. 194 ff. による。

(8) フェーデとの関連における和解の意義はブルンナーによって明らかにされたところである。糺問主義の展開に伴って和解の機能が失われてゆく過程については、E. Schmidt, a. a. O., S. 201 を参照。

(9) E. Schmidt, ebenda.
(10) 近世自然法論の発展に伴う刑罰観念の変遷については、シュミットのほか、Christoph Link, "Jus divinum" im deutschen Staatsdenken der Neuzeit, in: Festschrift für Urlich Scheuner, 1973 をも参照されたい。
(11) 自由刑の普及についての本文の叙述も、E. Schmidt, a. a. O., S. 176 ff. による。
(12) Gerhard Oestreich, Strukturprobleme des europäischen Absolutismus, in: Geist und Gestalt des frühmodernen Staates, 1969.

二 領邦の刑事立法

民事法と行政法との区別を論じて前者の後者に対する優越性を強調したシュロッサーは、上述のごとく、民事法と刑事法の双方に共通する特徴として、それが法と不法についての国民《ナツィオーン》の考えを確定したものであること、したがって内容的な妥当性よりも適用の確実性・平等性が重視さるべきことを指摘し、そのかぎりで両者を行政法と対置している。刑事裁判(および行刑)が行政《ポリツァイ》の一部であり、したがって刑事事件が司法事項《ユスティーツザッヘ》に属さぬものとされていた当時において、シュロッサーが刑事法を民事法と並べて行政法の対立物として位置づけることができたのはなぜであろうか。この疑問に答えるためには、一八世紀中葉までの刑事立法が基本的に裁判機関を名宛人とする裁判令(Gerichtsordnung)であったのに対して、ようやく一八世紀後半から私人の行為規範としての刑事法が問題となるに至った、という事情に着目しなければならない。[1] 一五三二年のカール五世刑事裁判令はもとより、一八世紀中葉までの各領邦の刑事立法も裁判令としての性格を有するものであり、したがって刑事手続法の規律を中心とし、付随的に刑事実体法の規定を含むものにすぎなかった。たとえば一七二一年のプロイセンのラント法告文は、「すべての臣民、領民ないし住民」に対してこのラント法の遵守を命じているが、実はこの命令は「プロイセン王国において裁判を担当する者ないし将来担当しうる者」に向けられたものであって、臣民を直接の名宛人とするものではなかった。このラント法のなかの刑事法的規定は、臣民に告発の義務を課した若干の条文と名誉毀損および決闘に関する規定を除いて、すべて刑事裁判機関に向けられたものであった。一七五一年のバイエルン刑事裁判令と一七六八年のマリア・テレージア刑事裁判令についても、同様のことが指摘できる。これらの裁判令は手続法的部分と実体法的部分とから成っていたが、その実体法的規定はやはり裁判官を名宛人とする裁判規範であった。糺問主義と自由刑の展開によって刑事法に関する法共同体の崩壊が進行しつつあったにもかかわらず、刑事立法における実体法が依然として直接臣民に向けられた行為規範としての性格を示しえなかったかぎりで、法共同体ないし少なくとも法共同体の意識は消滅するに至らず、そのことが、シュロッサーにおける民事法・刑事法と行政法との対置を可能にしたのである。

むろん、このような把握はシュロッサーのみに見られるのではない。たとえばピュッターも、国法(Staatsrecht)と私法(Privatrecht)とを対置した上で、後者を民事私法と刑事私法とから成るものとしている。(2) これに対してシュロッサーの論敵であったプロイセン一般ラント法起草者のスヴァレッツは、同様に国法と私法を対置しながら、民事法と刑事法のみならず行政法をも私法の概念の下に一括しているのである。(3) そのことによって、もはや法共同体の存在を前提とせぬ民事法・刑事法の領域を行政法(および負担法)の領域とともに規制する統一法典の編纂が、正当化されたわけである。そのさい、この法典はもはや裁判官ないし行政官僚を名宛人とするにとどまらず、何よりも臣民一般にとっての行為規範たるべきことを目標とした。刑事法についていえば、一般ラント法は直接臣民に向かって犯罪の構成要件を明らかにすることにより、臣民の刑事実体法的義務を明らかにした。その反面、臣民に対する命令という性格をもたない刑事手続法は、この法典には姿を見せない。スヴァレッツによれば、訴訟条令(Prozeßordnung)は君主が有する最上級裁判権にもとづくものであって、臣民を名宛人とする立法(Gesetzgebung)から除外さるべきものであった。

ところで、一般ラント法が行為規範としての刑事実体法を提示したということは、一面においてはたしかに紀律化の進展を意味するが、同時にこの紀律化は、法共同体の残存を前提とする伝統的な刑事法の観念、行政《ポリツァイ》から区別さるべき刑事法の観念の領域に立ち入ることによって、その抵抗に遭遇することになる。むろん一般ラント法は、法共同体の存続を否定し、身分制的社会秩序を国家意思の側から再編成しようとするものであったから、伝統的な刑事法の観念の前に立ち止ることはできなかったが、自然的自由として再構成された抵抗が紀律化を限界づけることを認めざるをえなかった。臣民は、自己を名宛人とする法律を遵守する義務を負うのとひきかえに、公知の法律によらざる紀律化からの自由の確認を獲得することになる。スヴァレツによれば、法律は行為の規範(Norm der Handlungen)であって、何人も自己の行為をまだ存在しない規範に合わせることはできない(4)。それゆえ、一般ラント法は、「新たな法律は、すでに生じた行為または事件には適用されない」(序章第一四条)とし、また、「法律は、しかるべく周知せしめられたときから、はじめて法的拘束力をもつ」(同第一〇条)とする。そして、とくに犯罪については、「法律によって禁止されていない行為または不作為は、それによって他人が損害を蒙ろうとも、本来の犯罪とみなすことはできない」(第二部第二〇章第九条)として、「法律なければ犯罪なし。法律なければ刑罰なし」(nullum crimen, nulla poena sine lege)の原則を承認しているのである。

プロイセンの一般ラント法が右のごとき理由で刑事実体法に関する規定のみを置いた(刑事手続法については、一八〇五年の刑事裁判令が新たな規律を行なうことになる)のに対して、オーストリアでは、ヨーゼフ二世の下で、一七八七年の「犯罪と刑罰に関する一般法典」(Allgemeines Gesetzbuch über Verbrechen und derselben Bestrafung)が実体法に関する立法として、また一七八八年の一般刑事裁判令(Allgemeine Kriminal-Gerichtsordnung)が手続法に関する立法として制定され、一八〇三年の「犯罪と重違警罪に関する法典」(Gesetzbuch über Verbrechen und schwere Polizeiübertretungen)が両者を統合することになった。そのさい、一七八七年と八八年の立法における実体法と手続法との区別が、プロイセンの場合と同様の観点からなされたものでないことに、注意しなければならない。(5) むろん、オーストリアにおいても、たとえばマルティニが「臣民の行為の規準たるべき、十分に表明された君主の意思」として法律を定義したことに見られるように、法律を臣民にとっての行為規範としてとらえる発想がなかったわけではない。しかし、一般的には、テレージア法典における法律の定義、すなわち法律とは「臣民の福祉のために最高権力が制定した一般的命令」にほかならぬとする定義が通用しており、したがって臣民の行為規範としての刑事実体法典の編纂という意識は鮮明ではなかった。一七八七年の法典は、ベッカリア(Beccaria)の著書『犯罪と刑罰』の標題を法典の名称に取り入れていることからも明らかなように、ベッカリアの提唱にしたがって、「一般的法律により刑事裁判官に一定の方向を示すこと、その裁判にさいしてすべての恣意を排除すること、犯罪と違警罪の区別について明確な境界を示すこと、犯罪と刑罰について均衡をとること」を目的とするものであった。そこで裁判官の法律への拘束が強調されているかぎりで「法律なければ刑罰なし」の原則が承認され、また、啓蒙主義的な観点から刑罰の緩和が意図されていることは事実である。しかし、第一に、この法典は臣民を直接の名宛人とするものではないから、「法律なければ犯罪なし」の原則を確立するには至っていない。裁判官の法律への拘束自体は、すでにマリア・テレージア刑事裁判令にも見られるところであるが、それは君主を法律に拘束するものではないから、君主がみずから、法律なしに、または法律の定めを超えて刑罰を課する可能性は残されている。遡及処罰の禁止もまた、不徹底なものでしかない。この法典による処罰の対象となるのは、法典制定時にすでに逮捕されている者に限られる、とされたが、そのことによって、行為当時には存在しなかった法規により処罰される可能性は残されたわけである。このように一七八七年の法典が臣民にとっての行為規範としての性格をもたなかったとすれば、それを八八年の刑事裁判令と切り離して制定する必要は本来なかったはずである。クラインハイヤーは、それゆえ、一個の統一的刑事立法のうちとりあえず完成した一部だけを施行したのが八七年の法典であった、と推定している。いずれにせよ、罪刑法定主義と遡及処罰禁止の不徹底は、一見するところ強力な絶対主義的支配の結果であるかのごとき印象を与えるが、実は、オーストリアの絶対主義が裁判官に対する命令によって間接的に臣民を紀律化しえたにすぎず、直接臣民に行為規範を与えるに至らなかったことを物語るものである。もっとも、まさにそのような紀律化の徹底によって、プロイセンにおいては逆説的に紀律化の限界が明らかになったことは、上述のとおりである。

　第二に、一七八七年のオーストリアの法典は、犯罪と違警罪との区別を明らかにすることを一つの目的とするものであった点にも、注目しなければならない。もとより、刑法上の犯罪と、公共の安寧秩序の維持を目的とする警察《ポリツァイ》の命令・禁止との区別自体は、プロイセンの一般ラント法にも見られる。(6) しかし、身分制的社会構造の紀律化による再編成が進行したプロイセンでは、刑事実体法はすでに直接臣民に与えられた行為規範としての性格をもっており、したがって、一般ラント法第二部第二〇章「犯罪と刑罰」を、さまざまの警察的命令・禁止から区別された刑法上の犯罪のみにあてることが可能であったのに対して、刑事実体法の紀律化が不徹底にとどまったオーストリアでは、自律的な法共同体を空洞化してゆくために、警察的命令・禁止によって刑事実体法を補強する必要が大きかった。それゆえ一七八七年の法典は、刑法上の犯罪と違警罪の双方に関する規定を含んでいる。刑法上の犯罪は当然裁判所によって管轄されるのに対して違警罪による処罰は警察官庁の所管に属するにもかかわらず、同一法典が両者の規定を含むわけであるから、その区別が必要であったことはいうまでもない。しかし、そのさい、たとえば過失犯はすべて違警罪とされるなど、区別はきわめて形式的な基準によってなされた。また、たとえば瀆神の罪を犯した者は狂人とみなされ、確実に正気に戻るまでは施設に幽閉すべきものとされるなど、刑罰と警察的措置との区別は実際にはきわめて曖昧なものになった。そのことは、一八〇三年の「犯罪と重違警罪に関する法典」についても指摘できる。この法典は、刑法上の犯罪《フエアブレッヒエン》に関する第一部と、重大な違警罪《ユーバートレートウンゲン》に関する第二部とから成っており、前者はツァイラー、後者はゾンネンフェルスによって起草されたものであるが、全体としてこの法典はゾンネンフェルスの強い影響を示しており、犯罪に関する第一部でさえも治安警察的観点からとらえられている。すなわち、この法典の定義によれば、「犯罪《フエアブレッヒエン》とは、共同体の安全を侵害する意図をもった違法の行為または不作為である」、とされるのである。オーストリアにおいては、法共同体の解体が不徹底に終った反面、君主の行政《ポリツァイ》の一環としての刑事裁判が違警罪の処罰によって補強されつつ、法共同体に対峙したわけである。

プロイセンとオーストリアの紀律化の進展度の差異は、たとえば死刑の問題についても指摘できる[7]。プロイセンにおいては、死刑は廃止されなかったもののフリードリッヒ大王によって大幅に制限され、自由刑によって置き換えられた。むろん、殺人や強盗等の兇悪犯人は無条件に死刑に処せられるべきものとされたが、死刑の威嚇効果を維持するためには、むしろ死刑が行なわれる場合を限定すべきであると考えられたのである。そのことから明らかなように、また、一七五六年の名誉剝奪刑廃止が端的に示すように、プロイセンでは紀律化の貫徹を前提として、刑罰は法共同体からの排除という性格を失っていった。これに対してオーストリアでは、威嚇力において終身自由刑に劣るゆえに死刑を廃止すべしというベッカリアの所説の影響の下に、ヨーゼフ二世が死刑廃止(一七八一)に踏み切ったにもかかわらず、それに代ったのは「労働による教育」のための自由刑ではなく、「死刑よりもはるかに苛酷な」舟曳刑であった。一七八四年から八九年までの六年間に舟曳刑に処せられた一一七三人のうち、一七九〇年までに七二一人が死亡したことからして、シュミットは、この舟曳刑が「苦痛に満ちた長期的死刑」にほかならなかったと指摘している。ヨーゼフ二世は、重懲役に処せられた者を「健康が許すと否とを問わず」舟曳のためハンガリーに送るべきことを命じており、この舟曳刑が共同体からの排除をめざすものであることを明らかにしている。舟曳を免れた者も、ほとんど運動の自由のないようなしかたで収監されたり、公開で身体刑を受けたりした。犯人の両頬に絞首台を示す焼印をつけることさえ行なわれた。これらはいずれも、絶対主義的な紀律化が共同体からの排除という伝統的な刑罰観にとって代ることができず、むしろこれを利用せざるをえなかったゆえに生じた刑罰形態であったと思われる。

もとより、法共同体からの排除という伝統的な刑罰観からすれば、紀律化の貫徹を前提とする刑罰の緩和のみならず、その不徹底を前提とする刑罰の強化も——本来紀律化を目標とするものであるゆえに——承認しがたい、ということになる。国家ないし政治社会を自立的人間から成る法共同体としてとらえたカントが、刑罰の本質を法共同体からの排除として理解し、また同害報復の観念に立ち返ることになったのは、偶然ではない(8)。カントは「臣従者に対して犯罪のゆえに苦痛を与える命令権者の権利」として刑罰権(Strafrecht)をとらえるが、同時に、

「違反者に対して公民(Staatsbürger)たることを不可能にするような公的法律の違反が端的に犯罪(Verbrechen)と呼ばれ、または公的犯罪と呼ばれる」、と説いている。個人のみを危険にさらす私的犯罪、たとえば委託された金銭や商品の横領とか、売買にさいしての詐欺とかは民事司直(Zivilgerechtigkeit)の対象となるにすぎない(9)のに対して、共同体(gemeines Wesen)を脅やかすさまざまの犯罪、たとえば通貨や手形の偽造、窃盗や強盗は、公的犯罪として刑事司直(Kriminalgerechtigkeit)の手にゆだねられる、とされるのである。ここでカントが、その公的犯罪によって犯人は公民たる資格を失うことになるとしているのは、注目に値する。そのことによってカントは、紀律化の所産としての新たな刑罰観、すなわち「犯罪者自身のための、または政治社会《ビュルガーリッヒエ・ゲゼルシャフト》のための」刑罰という目的‐手段の発想を拒否し、法共同体からの排除という伝統的な刑罰観に立ち返ったわけである。むろん、そのさい、カントは、人間は他人の意図のための単なる手段となりえないものであること、したがって犯罪者は定言命令によって、単に公的法律に違反したというだけの理由で処罰されるべきことを主張している。しかし、カントの刑罰観にはやはり法共同体からの排除という基層が存するのであって、かれの同害報復論もこの基層に支えられている、と見ることができる。同害報復は、フェーデを許容すると同時に、その無限の連鎖を断ち切るものであり、それゆえ自立的諸権力から成る法共同体・平和共同体としてのラントにおいて通用しえた観念であるが、国家を依然として政治社会＝法共同体としてとらえ、その自律性を強調したカントにおいて、この同害報復論が——定言命令の形式をとりつつ——再現されたのであった。

したがって、カントによれば、殺人者は死刑に処せられるべきものである。ただし、カントもその例外があることを認める。それは私生児を生んだ母がその子を殺害した場合と、同僚から臆病者という侮辱を受けた士官が決闘によってその同僚を殺害した場合であって、両者とも法律によっては名誉感情が回復されえないゆえに、いわば自然状態に還って殺害がなされた場合であり、最高権力はこれに死刑を課すことはできない、とされる。とくに私生児殺害について、カントはいう。「婚姻によらずしてこの世に生を享けた子は、法律(法律はこの場合婚姻である)の外で、したがってまた法律の保護の外で生まれたのである。その子は、(あたかも禁止された商品のように)共同体《ゲマイネス・ヴェーゼン》のなかにいわば紛れ込んだのであり、(それゆえ正当に存在すべからざるものであるから)、共同体はその子の存在を無視し、したがってまたその殺害を無視することができる。そして、私生児の出産が知られた場合、いかなる命令も母の汚辱を除くことはできない」。この見解ほど、法共同体への帰属ないしそれからの排除というカントの伝統的思考をよく示すものはない。フリードリッヒ大王の下で、私生児を懐胎した女に対するいわゆる姦婦処罰が堕胎と嬰児殺をもたらすものとして廃止され、嬰児殺の原因となっている「不自然な偏見」を取り除く試みがなされたことと[10]対比すれば、カントの思考が絶対主義的紀律化と鋭く対立するものであったことは明白であろう。同様の対立は、カントが恩赦権を主権者のすべての権利のなかで最もいかがわしいものと評したことからも読み取ることができる。

これに対して、カントの強い影響を受けたフォイエルバッハ(A. Feuerbach)は、紀律化の進展をも前提として、犯罪と刑罰の均衡を実現しようとした。[11] フォイエルバッハが起草した一八一三年のバイエルン刑事法典[12](Strafgesetzbuch)は、まず、一七八七年および一八〇三年のオーストリアの法典とは異なり、違警罪に関する規定を含んでいないことを特徴とする。そのことによって、バイエルン刑事法典は、警察的命令・禁止による紀律化が刑事実体法そのものに及ぶことを避けたわけである。しかし、それは、この法典の対象とする社会がすでにプロイセンの場合と同様に徹底して紀律化され、国家の側から再編成されていることを示すものではない。プロイセンの場合、身分制的社会構造の国家意思による再編成の徹底のゆえに警察的命令・禁止による刑事実体法の紀律化がもはや不必要であったのに対して、バイエルンの法典における違警罪の排除は、対象となる社会がなお伝統的な自律性を維持し、それゆえ刑事実体法の徹底的な紀律化を阻止していることを示しているのである。したがってバイエルンの法典は、違警罪を個別法令にゆだねることとして排除し、権利＝法の侵害としての刑法上の犯罪のみを扱うこととした上で、さらにこれを——カントの刑事司直と民事司直の区別に対応して——重罪

(Verbrechen)と軽罪(Vergehen)とに分けている。それによれば、刑事罰(Kriminalstrafen)すなわち死刑、鎖刑、懲役、禁錮、公職資格・栄誉資格剝奪等によって処罰される犯罪が重罪、財産刑を中心とする民事罰(Zivilstrafen)によって処罰される犯罪が軽罪とされるのであるが、刑事罰のなかに死刑と並んで鎖刑が含まれていることは注目に値する。鎖刑は終身刑であるのみならず法律上の死亡(bürgerlicher Tod)の効果を伴うものであって、重罪はそのかぎりで、カントの場合と同様に、法共同体からの排除をもたらすものであった。

むろん他方において、伝統的な刑罰観そのもの、ことに同害報復の観念によって紀律化に対抗することは、もはや不可能である。したがって、紀律化を制約するためには、同害報復の観念に代って罪刑法定主義を強化するほかはない。それゆえ、バイエルン刑事法典第一条は、次のように定める。「法律が一定の加害によって威嚇する違法の行為または不作為を惹起した者は、自己に対する刑罰としての法律的加害に服する」。プロイセン一般ラント法は、「法律なければ犯罪なし」の原則に立脚したにもかかわらず、実は裁判所の命じた刑罰の君主による加重(または軽減)の可能性を残していたのであるが、これに対して、今やバイエルンの法典において、「法律上の刑罰なければ犯罪なし」(nullum crimen sine poena legali)の原則、すなわち完全な意味での罪刑法定主義の確立を見たわけである。(13) しかし、このような近代的観念が単なる啓蒙思潮の所産ではなく、法共同体の存在を前提とする伝統的刑罰観の媒介を必要としたという事実は、強調しておかなければならない。罪刑法定主義のみならず、一九世紀前半の刑事手続法における自由主義的傾向、すなわち糾問主義から検察官訴追主義への転換、口頭主義・公開主義の採用、陪審制度の導入、裁判官の独立の保障等々の諸改革は、しばしば伝統的な刑事裁判観によって媒介されたものであった。

(1) Gerd Kleinheyer, Vom Wesen der Strafgesetze in der neueren Rechtsentwicklung, 1968 の指摘。刑事立法の名宛人に関する本文の叙述は、主としてクラインハイヤーの研究に依拠している。

(2) Kleinheyer, a. a. O., S. 12 の指摘による。

(3) C. G. Svarez, Vorträge über Recht und Staat によれば、Privatrecht, bürgerliches Recht, positives bürgerliches Recht 等と呼ばれる法は、国民の私的事項に関する国民相互の権利義務に関する法として定義される。そしてスヴァレツは、一方において行政法《ポリツァイ》を一般国法(allgemeines Staatsrecht)の項目で扱いながら、他方で「立法の最も重要で数多き対象は臣民の私権と義務、およびこれに関する民事法、刑事法、行政法である」とするのである。

(4) Svarez, a. a. O., S. 235.

(5) Kleinheyer, a. a. O., S. 15 ff. なお、オーストリアの刑事立法については、Hermann Conrad, Zu den geistigen Grundlagen der Strafrechtsreform Josefs II. (1780–1788), in: Festschrift für Hellmuth von Weber, 1963; Karl-Heinz Osterloh, Joseph von Sonnenfels und die österreichische Reformbewegung im Zeitalter des aufgeklärten Absolutismus をも参照。

(6) 一般ラント法は、裁判権を民事裁判権、刑事裁判権、違警罪裁判権に分けて規定している。それによれば、「犯罪の捜査と処罰」が刑事裁判権に属するとされる(第二部第一七章第六条)のに対して、違警罪裁判権は、公共の安寧秩序の維持、公衆の危険の防止に奉仕すべき警察《ポリツァイ》の観念(同第一〇条)を前提として、警察法規の違反を――それが同時に犯罪《フェアブレッヒェン》として刑事裁判権の対象とならないかぎり――捜査し、処罰するものとされる(同第一一条)。

(7) E. Schmidt, Einführung in die Geschichte der deutschen Strafrechtspflege, S. 247 ff.

(8) Kant, Metaphysik der Sitten, Rechtslehre, 2. Teil. Das öffentliche Recht, 1. Abschnit. Staatsrecht, Allgemeine Anmerkung E.

(9) 民事司直の観念は、法共同体の内部における和解《ジューネ》の系譜を引くものであって、カントはこれを、私人の権利《ユース・プリヴァトールム》に関する司法事項の一部として位置づけているものと思われる。

(10) E. Schmidt, a. a. O., S. 250.

(11) フォイエルバッハにおけるカントの影響にもかかわらず、定言命令による刑罰の基礎づけ(したがってまた、刑罰を何らかの目的のための手段と見る発想の拒否)がフォイエルバッハによって受けつがれたわけではないことを強調するのは、Wolfgang Naucke, Über den Einfluß Kants auf Theorie und Praxis des Strafrechts im 19. Jahrhundert, in: Philosophie und Rechtswissenschaft (hrsg. von J. Blühdorn und J. Ritter), 1969.

(12) バイエルン刑事法典については、E. Schmidt, a. a. O., S. 261 ff. なお、バイエルン刑事法典における罪刑法定主義の確立について、Kleinheyer, a. a. O., S. 24 をも参照。

(13) 罪刑法定主義の歴史に関する比較的新しい研究としては、Hans-Ludwig Schreiber, Gesetz und Richter. Zur geschichtlichen Entwicklung des Satzes nullum crimen, nulla poena sine lege, 1976 がある。ここでは、アメリカ独立当時の各憲法とフランス人権宣言における事後法の禁止ないし罪刑法定主義についての、シュライバーの見解を紹介しておこう。シュライバーによれば、事後法禁止の原則はアメリカの諸憲法において――基本的にイギリスの伝統にしたがい、とくにマグナ・カルタの定式を受けついで——条文化されているが、それはまだ「近代的」な内容をもつものではなかった。刑罰権を法に拘束しようとする志向は、まだ慣習法の排除、制定法の文言への厳格な拘束を要求するものではなかったのである。これに対して「前国家的な状態における人間の権利を知らず、国家における政治的権利のみを知っている」フランスの人権宣言においては、普遍意思の表現としての制定法が重視され、法律の遡及適用の禁止、要件と効果を明確にした条文の忠実な適用が要請されるのである。シュライバーが示したアメリカとフランスのこのような対比は、『自然法と革命』においてハーバーマスが描き出した二つのモデルに依拠したものである(一一八頁以下参照)。

三 「家の平和」と家族法

法共同体としてのラントの紀律化に対応して、原初的な平和の単位としての家もしだいに紀律化の対象となる。家《ハウス》は本来、フェーデにさいしても侵すことのできない一種の聖域であった。ブルンナーによれば、中世における家は特別平和領域(Sonderfriedensbezirk)であり、一個の自由圏(Freiung)だったのであって、不法が或る家に発した場合、すなわちその家が賊の家(Raubhaus)であるとみなされた場合に全体としてのラントがこれに介入しえたにすぎなかった。(1) 家の軒先(Dachtrauf)、つまり雨滴の落ちる線を境として家の平和《ハウスフリーデ》が主張されたのである。夜間ひそかに家の中に侵入した者、扉や窓に近づいて聞き耳を立てた者を打ち殺しても、処罰されることはなかった。家長は、自由人と非自由人を含む家の成員すなわちファミリアを支配=保護することによって家の平和を維持し、家の成員が殺人をはじめとする重大な罪を犯した場合にのみ犯人をラントの裁判所に引き渡してその流血裁判権にゆだねた。もっとも、この場合も、家長は和解《ジューネ》をはかり、またはみずから報復の矢面に立つことによって、犯人の引渡を拒むことができたのである。

むろん、特別の平和(Sonderfriede)の観念は、家についてのみ妥当するものではなく、中世における平和のあり方そのものにかかわるものであった。中世の平和は、家、村落、都市、ラント等々さまざまの法共同体における具体的な保護によって保障されたのであり、したがって一般に特別の平和《ゾンダーフリーデ》というべき性格をもった。しかし、ラントの平和が——まさに一定限度でフェーデを許容することによって——特別の平和という枠を超えた一般的平和へと発展する傾向を見せたのに対して、家の平和は家長の支配=保護に服する者の一切の実力行使を排除するものであり、家は高度の特別平和領域としての性格を示すもの、それゆえ強度の不可侵性を特徴とするものだったのである。それにもかかわらず、近世に入って展開される君主の行政《ポリツァイ》は、しだいに特別平和領域としての家を解体してゆくことになる。もとより、家の平和、その不可侵性の観念は、伝統的な良き旧き権利の近代的人権への移行にさいして重要な役割を演じた。家(ないしその所有)の不可侵性が人身の自由を主張する論拠になったことは、たとえばクックの例を見ても明らかである。さらにまた、家が一八世紀の末に至るまで政治社会＝国家の構成単位とされたことも、すでに見たとおりである。しかし、それと並行して、家はしだいに君主による紀律化に服することになった。(2)

近世のドイツにおける家観念については、ルターの強い影響が指摘されている。ルターにおいても、家長とその妻子、僕婢、家畜から成る家は政治社会の構成要素と見られていたが、政治社会との関係における家の不可侵性、自律性はもはや強調されていない。逆に、家は政治社会＝国家の目的に奉仕すべきものとしてとらえられる。「子を勉学と技能へと導かず、無駄に飲み食いするだけの者にしてしまうならば、どこに牧師の職につく者を求めることができようか。国王や諸侯や領主、都市や農村は、書記長《カンツラー》、顧問、書記、官吏をどこに求めることができようか」。ルターによれば、家はまた君主の支配を経済的に基礎づけるものでもある。それゆえ、子を正しく教育しない親に対して君主は体刑ないし財産刑を加え、またはこれを追放すべきである、ということになる。子に対する親の支配は、もはやアリストテレスの意味において「王的」な支配ではなく、職務としての支配、とりわけ君主に対する職務としての支配と見られるわけである。同じことは妻に対する夫の支配についても指摘できる。カトリックにおいて秘蹟とされ、そのかぎりで世俗秩序から切り離されていた婚姻は、ルターにおいては家政の源(fons oeconomiae)として再び家の秩序中に位置づけられたが、そのさい家が婚姻を規定するのではなく、逆に、愛によって特徴づけられる婚姻が家を規定するとされ、家長の「為政者的」支配(アリストテレス)は否定されることになったのである。このようにして家長の支配＝保護が職務として、しかもしだいに君主との関係における職務としてとらえられるようになった結果、家の紀律化の精神的前提が用意された。シュヴァープ(D. Schwab)によれば、「国家の構成要素であると同時にその相似物でもある家は、国家目的に法的に拘束され、その社会的機能は君主によって制御された」。この家概念には、「統治権力に対する拒絶の要素が欠けていた」のである。

したがって、近世の行政条令においては堅実な家生活の理想の実現が追求された。[3] それによれば、親は子に食事と衣服を与えなければならず、子の出生後直ちに洗礼を受けさせなければならず、子が神を畏れ、神に祈り、勤勉な生活を営んでゆくように教育しなければならない。そのために、親は子を学校に行かせなければならず、子が適齢に達したときは結婚させなければならない。これに対して、子は親を尊敬すべきであり、親に暴力を加えるなどのことがあってはならない。子は親の生計を助けなければならず、そのさい賃銀を要求することは——徒弟としての修業を終えたのちに親の仕事場で働く職人の場合を除いて——許されない。これらの義務に違反した親や子が処罰されたことはいうまでもない。婚姻についても、行政条令による紀律化が進められた。生計を立てる技能を修得せずして結婚した貧困者は処罰され、施療院に収容されている者は結婚と同時にその施設から去らなければならなかった。また、結婚にさいしては、各種の許可が必要とされた。隷民ないし体僕が領主の許可を、癈疾者が保護官庁の許可を、兵士が上官の許可を必要としたばかりでなく、貴族ないし市民身分に属する者も君主の許可なしには結婚できなかった。そのことによって、行政《ポリツアイ》は、とりあえず伝統的な身分制秩序を——国家に依存せしめながら——維持しようとしたのである。

こうした紀律化は、プロイセンの一般ラント法において完了した。すでに述べたように、一般ラント法は、まず家(häusliche Gesellschaft)について、「夫婦の結合と親子の結合が本来《アイゲントリッヒ》家を構成する」(第一部第一章第三条)とした上で「しかし僕婢もまた家に属する」(第四条)と規定し、家が本来僕婢を含まず夫婦と親子のみから成るものであることを明らかにしているが、そのことによって一般ラント法は、自律的な支配＝保護の単位としての「全き家」(ganzes Haus)なる社会形象に対し少なくとも距離を置く態度を示したわけである。[4] 婚姻に関しては、貴族の男と農民または下級市民の女との身分違いの結婚について君主の許可を要件とし(同第三〇条以下)、将校の結婚については君主の、下士官および兵卒の結婚については上官の許可を要件とし(同第三四条以下)、隷民の結婚については領主の許可を要件とする(第二部第七章第一六一条以下)などの規定によって身分制的社会構造の固定化をはかると同時に、結婚を契約としてとらえることにより紀律化の徹底をはかっている点が注目される。この法典の起草者スヴァレツは、「婚姻とは、性を異にする二人の人間が共同生活を営み、子を生んで教育し、相互に助けあうべく結合するための契約(Kontrakt)である」、とした。こうした契約的構成は、沿革的に見れば教会法が婚姻に認めた秘蹟としての側面と契約としての側面のうち——自然法論による世俗化を通じて——前者が消失したものにすぎないとも言える。しかし、この契約的構成は、少なくともプロイセンにおいては、まさに婚姻を純粋に法的な関係としてとらえることによって、これを全面的に国家目的に従属させる効果をもたらした。[5] そのことはすでにスヴァレッツの右の定義からも明らかであるが、一般ラント法によれば、「婚姻の主たる目的は子を生み、教育することにある」(第二部第一章第一条)とされ、また、「相互の扶養のためだけであっても有効な婚姻が締結されうる」(同第二条)とされる。生殖(および相互の扶養)が国家目的に副った婚姻の目的として設定されたわけである。この目的を達成するために、夫と妻の権利義務関係が、たとえば性的関係を継続的に維持する義務に至るまで、微に入り細を穿って規定される。むろん、そのさい、婚姻における首長《ハウプト》としての夫には優越的地位が認められている。共同の事項については夫が決定権をもち(同第一八四条)、妻は夫の身分・地位に応じて家政を行なう責任を負う(同第一九四条)。婚姻の締結と同時に、妻の財産は——その個人的利用に供される物、合意によって明示的に指定された物を除いて——夫の管理・用益に服する(同第二〇五条以下)。それにもかかわらず、特有財産に限ってではあれ妻の行為能力が認められていることは、注目に値する。それは、家長の支配に対する国家の介入を意味するものであった。

さらに、婚姻の目的が生殖(および相互の扶養)にあるとされたことの結果として、性的関係の「強固にして継続的な拒否」(同第六九四条)、同衾中または同衾後における婚姻の「合法的目的」の阻害（同第六九五条）、婚姻中にはじめて生じた「全面的な、治癒しえざる性的義務の履行不能」（同第六九六条）が、離婚原因と認められる。妻もまた夫に対し性的義務の履行を要求しえたのであり、夫がこれを拒否したときは離婚の訴を提起しえた。のみならず、夫婦いずれの責めに帰すこともできない肉体的・精神的欠陥によって性的関係が不可能になった場合にも、生殖の目的の達成が期待されえないゆえに離婚が認められ（同第六九七条以下）、また、子のない婚姻については合意による離婚が認められた（同第七一六条）。さらに、「記録の内容に照らして嫌悪感がきわめて深刻であり、和解と婚姻目的の実現が全く望めないとき」（同第七一八a条）は、裁判官は一方のみの申立にもとづいて離婚を認めることもできた。ここに見られる広範な離婚の自由は、重商主義的人口増殖政策という国家目的に由来するものであり、それゆえ紀律化の所産として理解されるべきものなのである。(6) 同様の紀律化傾向は、むろん親子関係についても、家長と僕婢の関係についても指摘できる。一般ラント法が諸身分の存在根拠を国家意思に求めることによって身分制的社会構造を再編成したことはすでに述べたとおりだが、その再編成の一環として家もまた自律性を否定され、国家目的に奉仕すべき法的制度として位置づけられるに至ったわけである。

こうした家の紀律化は、むろんオーストリアの啓蒙君主ヨーゼフ二世によっても試みられた。(7) マリア・テレージアの法典編纂事業を受けついだヨーゼフ二世はその一部（人の法）をヨーゼフ法典として一七八七年に施行したが、そこでは結婚は純粋な契約とみなされており、それを手がかりとして、期間を定めた婚姻、試験婚姻、解除条件付婚姻等も許されるとの解釈さえ生まれた。もとより、ヨーゼフ二世の下において、結婚の契約的構成は本来紀律化政策、とりわけ教会の影響力の排除の一環を成すものであり、決して国家的後見からの自由を意味するものではなかった。逆に、ヨーゼフ二世は、男女間の風紀の確立をはかった。かれが「道徳の学校」として設立したヴィーンのブルク劇場においては、たとえば婦人の誘惑に成功した話を扱った作品の上演は許されず、愛しあう男女が同時に舞台をしりぞくことも許されなかった。したがって、レオポルト二世の時代には、婚姻は「国家のために重要な制度」であるとされることになる。ツァイラーによれば、婚姻は単に愛着(Neigung)によって基礎づけられたものでも、性的欲望の充足を目的とするものでもなく、生殖を目的とするものにほかならない、とされる。(8)一八一一年の一般民法典においても、「家族関係は婚姻契約(Ehevertrag)によって成立する。婚姻契約においては、性を異にする二人の人間が、不可分の共同生活を送り、子を生み、これを教育し、相互に扶養しあうという意思を、法律にしたがって表明する」(第四四条)、と規定されている。しかし、プロイセンの場合と比較して紀律化が伝統社会の基層に及ぶことのより少なかったオーストリアにおいては、婚姻の目的とくに生殖の達成不能が直ちに離婚原因と認められるには至らなかった。ツァイラーを通じて一般民法典に影響を及ぼしたとされるカントも、子を生み教育することを婚姻の一つの自然的目的とし、両性相互の愛着は——やはり自然によって——この目的につけ加えられたものであると見ながら、結婚する者が生殖の目的を念頭に置くことは結婚が合法的に成立するための要件ではない、としている。[9] もし生殖目的の自覚を結婚の要件とするならば、生殖が不可能になるや否や結婚は解消されざるをえない、ということになってしまうから。むろん、カントによれば、婚姻契約は男女の性的特性の相互的利用をめざすものであるとはいえ、当事者の恣意にゆだねられた契約ではなく、人類の法律(Gesetz der Menschheit)によって必然的とされる契約である。この「人類の法律」がア・プリオリな法律(Rechtsgesetz)にほかならず、国家の意思と等置されえないものであることは、いうまでもない。[10] カントにおいては、婚姻は、国家の紀律化を免れると同時に個人の恣意にもとづく性的関係からも区別された理性の法則に立脚するものとして、なおヘルシャフト的要素を残す家を基礎づけ、さらにその家によって構成される政治社会=国家を基礎づけるものであった。

ほぼ同様のことは、ルソーをはじめとするフランスの啓蒙思想についても指摘できる。[11] そこでは、結婚は愛着にもとづく男女の自然的結合として前国家性を主張しうるものであり、国家は事後的にこれを法的にとらえ、場合によっては不適切な規制によってこれをそこなうものにすぎない、と説かれた(むろん、そこでは家のヘルシャフト的性格は希薄になっているが、それでも、「人間は家長となることによって国家の成員となる」とされたかぎりで、カントの場合と同様に、家長の自立性と個人の自由との連続性が認められる)。婚姻から生ずる義務として子の養育と家族の相互的扶養を挙げるフランス民法典においても、プロイセンの場合のような国家目的の優越は見られない。

しかし、家長のヘルシャフトによる家の平和《ハウスフリーデ》が現実にはほとんど崩壊していたにもかかわらず、立法による紀律化に対抗して婚姻と家族の自律性を確保するためには、婚姻と家族そのものを一定限度まで法的規制の外に置くことが必要であった。まさにこの点において近代的家族法に大きく寄与したのが、フィヒテである。[12]

フィヒテは、男女の自然的差異をかれの議論の出発点とする。この点は、たとえばルソーにおいても同様であった。男女は本来平等であったにもかかわらず男が自己の力によって、また女の柔和さを利用して専制的な立場に立っているのであり、今や本来の平等が回復されねばならない、と説く論者(たとえばモンテスキュー)に反対して、ルソーは、男女の生物的・心理的差異によってその社会的差異を基礎づける。男と女は、能動的なものと受動的なもの、強きものと弱きもの、意思と従順、天才《ジェニー》と才気《エスプリ》等々の対照によって区別され、そこから、家計を担当し、夫の気に入られ、夫に服従すべき妻の義務が導き出される。法秩序以前の相互の愛着《パンシャン》を夫と妻の結びつきにとっての本質的要素と見るルソーは、他方において自然の法則(男女の自然的差異)が愛情《アムール》の法則に先立つと説くことによって、国家の法的規制を免れた婚姻における夫の権威を正当化するのである。フランス民法典もまた、「夫は妻を保護し、妻は夫に服従する義務を負う」(第二一二条)としているが、このような夫の優越的地位は、家長の支配＝保護による家の平和《ハウスフリーデ》の残照を示すものであると同時に、むろん財産所有者としての家長の経済的自立性、妻の夫に対する経済的従属性の表現でもあった(13)。それゆえ、フィヒテにおいて男女の自然的差異にもとづき夫の優越性が承認されているのは、例外的現象ではない。

フィヒテによれば、男は自然において、とりわけ生殖行為において能動的であり、それゆえ自己の尊厳を失うことなしに性的衝動にしたがうことができるのに対して、女はもっぱらこれを受忍せざるをえないが、受忍のための受忍、自己目的としての受忍は理性に反する。したがって、女が性的献身によって男の目的達成のための手段にならざるをえないとしても、なおかつ自己の尊厳を維持し、精神的に男と平等の立場に立つためには、性的衝動が女の場合行為ではなく愛情《リーベ》というかたちをとる必要がある。女にとって愛情とは、男への献身により自己の自然的欲求をみたす生来的衝動なのである。夫は自然的な寛大さによってこれに応じ、妻の望みをみたすようにつとめる。フィヒテは、こうして二個の人格が融合した結果生じたものが婚姻にほかならぬ、とするのである。

フィヒテによれば、「婚姻はそれ自体以外の目的をもたない。婚姻そのものが婚姻の目的なのである。婚姻関係は、成長した人間の、自然によって要請された、最も本来的なありかたである」。このように「はるかに高次の自然法則」が婚姻のありかたを完全に決定するとすれば、法律による規制の可能性は最小限度にまで縮減されざるをえない。「およそ法が存在する以前に人間が存在したのと同様に、婚姻法が存在する以前に婚姻が存在した」。国家はただ、女が愛情なしに男の性的快楽に服すべく強制されることのないように、女の人格を守らなければならない。この強制は暴力による場合のみならず女の親や親族の説得による場合を含むのであって、愛情の何たるかをわきまえぬ無知な処女に対する説得は詐欺にひとしく、最も有害なものである。それゆえ国家は、法律によって、こうした強制を禁止しなければならない。「婚姻は絶対的な自由をもって結ばれなければならず、国家は個人、とりわけ女性に対するその保護義務によって、婚姻結合のこの自由が侵されぬように見張る義務と権利をもつのである」。その反面、国家は、自由意思によって結ばれたすべての婚姻を——近親婚でさえも——承認し、確認しなければならない。さらに、夫婦の結合は心と意思による結合であり、両者の間には自然的・道徳的な関係があるだけであって、法律的関係は存在しないから、国家が夫婦の関係について法律的に規制することは許されない。一つの魂《ゼーレ》をなすべき夫婦の間に争いを生じたときは、すでに夫婦は別れたのであり、国家は法律上の離婚を認めることによってこれを追認するほかはない、とされる。すでに述べたように家長を政治社会＝国家の担い手とする伝統を棄てたフィヒテは、家族関係を大幅に法律から解放して個人の自由意思にゆだねることにより、その自律性の再構成を試みたのである。しかし、まさにその結果として、フィヒテの家族論はそのままでは近代的家族法のモデルとなることができなかった。サヴィニーはフィヒテにしたがって、家族関係を通常の法律関係とは異質の、自然的必然性によって基礎づけられた特殊の法律関係と認めながらも、フィヒテと違って婚姻を超個人的な制度(Institution)として把握する。婚姻の(直接的な)倫理性を強調するヘーゲルが、婚姻解消の可能性を認めながらも、「立法はその可能性をきわめて困難なものとし、恣意に対抗して倫理の法を堅持しなければならない」と説き、この倫理的関係に国家の第一の根底《ヴルツェル》たるべき役割を期待したのと同様に、サヴィニーにおいても、家族は「国家の存立の不可欠の基礎」とみなされる。婚姻は制度として、一方において個人の自由意思に対して客観化され、したがって、たとえばフィヒテの婚姻論におけるような離婚の自由はもはや認められないが、他方においてそれは国家による実定的な規制からもある程度解放され(「婚姻の本質」からの演繹!)、逆に国家にとっての安定化要因となるのである(14)。

(1) 中世の家《ハウス》についても、Otto Brunner, Land und Herrschaft, S. 254 ff. を参照。「家の平和」については、Rudolf His, Geschichte des deutschen Strafrechts bis zur Karolina, 1928, S. 38 ff., 177 ff. をも見よ。

(2) 家《ハウス》(ないし家族《ファミーリエ》)の概念史については、Dieter Schwab, Artikel "Familie", in: Geschichtl. Grundbegriffe, Bd. 2 を参照されたい。なお、ルターの婚姻観については、石部雅亮「マルチーン・ルターの離婚論」(『法制史研究』一一号)がある。また、婚姻法の世俗化という観点からの歴史的研究として、Dieter Schwab, Grundlagen und Gestalt der staatlichen Ehegesetzgebung in der Neuzeit, 1967 を挙げておく。

(3) Gustaf Klemens Schmelzeisen, Das polizeiliche Rechtsgebot in der neueren Privatrechtsgeschichte, 1967 による。

(4) 「全き家」については、Otto Brunner, Das "ganze Haus" und die alteuropäische "Ökonomik",

in : Neue Wege der Verfassungs- und Sozialgeschichte (石井紫郎ほか訳『ヨーロッパ——その歴史と精神』一五一頁以下)を参照されたい。なお、この論文の前提となった研究として、Otto Brunner, Adeliges Landleben und europäischer Geist, 1949 がある。

(5)　この点を指摘するのは、Heinrich Dörner, Industrialisierung und Familienrecht, 1974, S. 43.

(6)　H. Dörner, a. a. O., S. 59 によれば、プロイセンにおいてはじめて離婚の自由を宣言したのは一七八三年のフリードリッヒ大王の命令であった。それによれば、離婚は「あまりに困難であってはならない。さもなければ、人口増殖《ポピュラシオン》が阻害されるであろう。けだし、夫婦が再び結合することを期待しえないほど完全な対立・不和に陥ってしまった場合には……もはや子を生むこともなくなるわけだが、それは人口増殖にとって不利なのである。そのような夫婦が離婚し、女が別の男と再婚すれば、また子が生まれることになるであろう」、とされる。

(7)　ヨーゼフ二世治下における家の紀律化と、レオポルト二世治下におけるその緩和についても、H. Strakosch, Privatrechtskodifikation und Staatsbildung in Österreich, S. 53 f., 69 を見よ。

(8)　Zeiller, Das natürliche Privatrecht, S. 165.

(9)　Kant, a. a. O., Rechtslehre, 1. Teil. Das Privatrecht, § 24.

(10)　しかし、このア・プリオリな法律は、同時に前国家的な家の規範であった。カントの法形而上学における個々の命題、とくに婚姻と性犯罪に関するそれがキリスト教的＝ヨーロッパ的な、特殊な「人間像」を前提とするものであったことにつき、Christian Ritter, Immanuel Kant, in : Staatsdenker im 17. und 18. Jahrhundert. Reichspublizistik, Politik, Naturrecht (hrsg. von Michael Stolleis), 1977 の指摘を見よ。

(11)　H. Dörner, a. a. O., S. 123 f.

(12)　フィヒテの婚姻論は、Johann Gottlieb Fichte, Grundlage des Naturrechts nach Prinzipien der

Wissenschaftslehre, 1796 において展開されたところによる。その理解については、デルナーとシュヴァーブの上記業績に負うところが大きい。

(13) 「全き家」の崩壊の結果生じた「家父長的小家族」(patriarchalische Kleinfamilie) の構造とその社会的・政治的機能については、Jürgen Habermas, Strukturwandel der Öffentlichkeit, S. 56 ff. を参照。ハーバーマスによれば、「家族《ファミーリエ》における人々の自己表出は市場における所有者の自立性に対応していた。社会的強制から解放されたかに見える家族の親密性《インティミテート》は、競争において実現される私的自治、という真実に付された封印であった。みずからの経済的起源を否認する私的自治は、自律的であると自負する市場関与者のみによって実現された私的自治の外にありながら、市民的家族の自己意識を形成したのである。この私的自治は、自発的であり、自由な個人によって基礎づけられ、強制なしに維持されるもののように思われた。それは、両性の永続的な愛の共同体にもとづくように思われた。それは、陶冶された人格を特徴づける、すべての能力の自由な展開を可能にするように思われた……。しかし、小家族的親密圏がみずから描き出したこの理念は、すでに市民層自身の意識において、市民的家族の現実の機能と衝突することになった。……市場と自己の経営における所有者の自立性に対応して、妻と子は家父《ファミーリエンファーター》に従属した。市場における私的自治は、家庭においては転じて権威となり、個人の自発性という要請を幻想に終らせた。結婚を——両当事者の自発的な意思表示を想定する——契約という形式においてとらえることも、相当程度に擬制であった。家族が資本の担い手であるかぎりで結婚は資本の保持と増大という観点を免れることはできなかっただけに、契約形式はいっそう擬制としての性格をもったのである」。ハーバーマスはこのような指摘につづいて、それにもかかわらず小家族的親密圏における自由と愛と教養の理念が単なるイデオロギーにとどまらなかったことを強調する。小家族的親密圏のなかで、私人は相互に「純粋に人間的」な関係に立ちうると感じ、私信の交換を通じて文芸的公共(literarische Öffentlichkeit)を展開させたのであり、この文芸的公共から市民的＝政治的公共、すなわち世論を担う公衆が形成された、と説かれるのである。こうしたハーバーマスの見解はきわめて説得的であるが、政治的公共を(小家族によって媒介された)財産所有者の経済的自立性のみによって基礎づける点には、疑問の余地がある。カントについて指摘したように、政治社会を担う能動的公民の自立性は一面において伝統的な家長の自立性を受けつぐものであり、まさにそのような政治社会において、たとえばカントの啓蒙論(世論による公権力批判の奨励)が展開された、と見るべきであろう。

(14) サヴィニーによれば、「家族には国家の胚種《カイム》が含まれている。そして、完成された国家は家族を構成要素とするのであり、個人を直接構成要素とするのではない」(F. C. von Savigny, System des heutigen römischen Rechts, Bd. 1, § 53)。ヘーゲルとの類似は明らかであろう。「制度」としての家族によって、サヴィニーの私法体系はなお一定限度の政治的な――少なくとも倫理的な――自律性を主張しうるものであった。なお、サヴィニーの家族観についても、とりわけデルナーの研究を参照。

四　法共同体の崩壊と国際平和

近世の君主がフェーデの全面的排除に成功し(糺問主義的刑事裁判の展開)、自立的権力の原型としての家をも紀律化しえたかぎりにおいて、平和はもはや法共同体そのものによって担われるのではなく、君主によって保障されるものとなった。平和と法(pax et iustitia)の表裏一体の関係に代って、今や国家と平和との関係が強調されることになるのである。(1) ホッブスによれば、国家《キヴィタス》だけが国民に平和を保障することができるのであり、また、平和を現実に保障しうるものだけが国家と認められる。平和は、安全(securitas)を本質とするものとしてとらえられる。むろん、安全が維持されるためには司法《ユスティティア》が有効に機能しなければならず、しかも国家が裁判権を独占しなければならない、とされるが、実質的な意味におけるユスティティア(正義＝法)は実定的平和(pax civilis)の概念から完全に排除される。むしろ、平和と正義との分離こそが、ホッブスにとって、実定的平和の本質をなすものにほかならなかった。平和と正義と真理の結合こそが宗教的内戦をもたらした、という認識からして、ホッブスは、「真理ではなく権威が法をつくる」と説くと同時に「真理ではなく権威が平和をつくる」ともいうべき見解を示し、そのことによって、実効性ある実定的平和を基礎づけようとしたわけである。

もとより、このようなホッブスの所論に対しては、自然的平和(pax naturalis)の観念に固執する伝統的な立場からの批判が展開された。批判者にとって、実定的平和は、自然的平和が国家により確認されたものにすぎず、したがって実定的平和も正義から遮断されたものではありえなかった。こうした伝統的観念は一八世紀に至るまで維持されてゆくのであるが、それにもかかわらず、ヤンセン(Janssen)も指摘するように、国家によって保障された平和というホッブス的観念はしだいに深く浸透していった。ラント平和に見られたように、平和が本来法共同体内部の平和を意味したのに対して、今や国家による国内的平和(安全)の保障は自明となり、平和という語に代えて公共の安寧(öffentliche Ruhe und Sicherheit)といった語が用いられるようになる。平和の語は、もっぱら国際的関係について使用されることになるのである。

永久的世界平和(pax universalis perpetua)の構想はすでに中世末期に見られるが、ヤンセンによれば、それは一八世紀に至るまで、一つの夢想として説かれたにとどまり、正規の社会理論の対象とはならなかった。スコラの倫理神学も、法共同体における公共善の内容としての正しい平和(pax iusta)をその国家論の中心に据える反面、国際関係を正戦(bellum iustum)の問題として扱っている。国内においては平和は正義=法によって基礎づけられ、裁判によって保障されうるのに対して、国家間には——真の国際平和が正義にもとづくべきものであるにしても——裁判によって保障される平和はありえず、紛争当事国が自己の主張の正否をみずから判断し、必要な場合には自力(戦争)によってその判断を実現しなければならなかった。グロティウスもまた、「裁判が終るところ戦争が始まる」と述べているが、裁判は法共同体の内部において、また戦争は法共同体相互の関係において、いずれも正義を実現すべき途と考えられていたのである。それゆえ、単に戦争(正戦)の行なわれない状態としての国際平和は、正義の実現された状態としての国内平和と比較して価値の少ないものとみなされた。むしろ、永続的な国内平和のためには国際平和を犠牲に供すべきものと考えられたのである。国家による国内平和(公共の安寧)の保障が安定化し、自明化してはじめて、対外的な戦争によって国内平和を維持するという発想は弱まったが、平和という語が主として国際平和を意味するようになったという事実は、国際平和が依然として自明視されうるには至っていないことを示している。それは、国内平和に比して不安定なものであるがゆえに、契約(条約)による基礎づけを必要とするものであった。

しかし、ドイツにおいては、領邦は帝国の終焉に至るまでその傘の下にあった。たしかにヴェストファーレン条約によって領邦には国際法上の当事者能力が認められたが、それにもかかわらず領邦が依然として帝国の裁判権に服したかぎりで、帝国における領邦相互の平和は法による国内平和としての側面を示すものだったのであり、著名なカントの永久平和論[2]も、このようなドイツ的国制との関連において理解されるべきものである。カントによれば、永久平和が実現されるためには、まず各国の政治的国制が共和政的(republikanisch)でなければならない、とされる。そのさいカントは、この共和政が君主政と対立するものではなく、むしろ君主政に適合的であることを強調する。ヴァイナハトの指摘[3]によれば、レプブリークとは一八世紀に入ってもなお広義では国家一般(共同体《レース・プブリカ》)を指し、狭義では貴族によって統治される国家、または君主が「貴族ないし国民《フォルク》の名において」統治する国家を指すものであり、共和政の対立物は君主政そのものではなく専制的＝恣意的な統治であった、とされるが、カントもまた、君主政・貴族政・民主政の伝統的三分法とは別のレベルで、共和主義と専制主義を区別するのである。[4]それによれば、専制主義においては立法権力と執行権力とが同一に帰し、国家の公的意思としての法律が統治者の私的意思として執行されるのに対して、共和主義においては執行権力が立法権力から分離されていなければならない。それゆえ、固有の意味における民主政（全員による支配）が必然的に専制主義と結びつくのに対して、貴族政およびとくに君主政においては共和主義的な統治が可能である、とされる。このようなカントの共和主義が、たとえば、君主政と貴族政と仮象民主政の混合政体を理想的なものと見るシュレーツァーの憲法論と軌を一にするものであることは、いうまでもない。

こうした前提の上に、カントは、そのような意味での共和政が永久平和の条件となることを力説する。「戦争を行なうか否かについて——共和政においては当然そういうことになるが——公民《シュターツビュルガー》の決定が必要とされるときは、公民は戦争から生ずるあらゆる苦難（みずから戦闘に加わり、戦争の費用を自己の財産によって賄い、戦争による荒廃からの復興に尽瘁し、さらに、こうした災厄に加えて、平和時にも影を落とす永続的な債務の負担に苦しむこと）をみずから引き受けるという決断をせざるをえないから、公民がそうした最悪の賭けを始めるかどうかについて慎重に考えるであろうことはきわめて自然である。これに対して臣民が公民でない場合、すなわち、憲法が共和政的でない場合には、戦争はきわめて簡単に開始される。けだし、元首は国家の成員（Staatsgenosse）ではなく国家の所有者（Staatseigentümer）であり、自分の宴会や狩猟や離宮や祝祭といったものに戦争の悪影響が及ぶことを怖れる必要は少しもなく、したがって些細なことでいわばゲームとして戦争をはじめ、そのために控えている外交団に戦争の正当化を命じてもっともらしいかたちを整える、といったことがありうるのである」。この引用から明らかなように、カントにあっては、共和政は自立的公民から成る法共同体としての国家の観念に結びつくものであり、おそらく戦争についての等族の助言と助力(Rat und Hilfe)の伝統の延長上に、公民の払うべき犠牲の大きさにかんがみ公民の決定権が開戦を困難にするであろうことが指摘されているのである。

ブルンナーによれば、中世において援助(Steuer)とは窮状における例外的助力を意味した。[5] それは、助言と助力が要求されうるところで窮状を生じた場合に、支配者(保護者)と被支配者(被保護者)との誠実関係から生じたものであった。この誠実関係はむろん無条件の服従を基礎づけるものではなく、道徳的・法的に期待可能なかぎりで存続するものにすぎなかったから、援助を求める支配者とこれに応ずるべき被支配者との間で「正当な窮状」(rechter Not)についての認識が一致し、被支配者が援助の提供に同意することが必要であった。逆に支配者にとって、援助の要請は、基本的に懇請(Bitte, Bede)としての性格をもった。もとより、そのような例外的援助《シュトイアー》からしだいに通常の義務的租税《シュトイアー》が発展してゆくのであるが、租税が当初は例外的援助義務の免除ないしその前払いという性格を有したこと、その場合でも窮状にはやはり例外的援助が要請されえたことを見れば、中世におけるシュトイアーが第一次的に窮状における援助として理解さるべきものであったことは明らかである、とされる。ところで、このようにして窮状における助力という性格を有したものは、ブルンナーによればひとり援助《シュトイアー》のみではなかった。中世における夫役(Robot)と従軍義務(Reise)もまた、同様の性格をもつものであり、したがってそれは誠実関係に基礎づけられ、期待可能な限度においてのみ要請されえたのである。いうまでもなく、とくに一七世紀以降の絶対主義的権力の確立に伴って、これらの負担はしだいに君主により一方的に課せられるものとなっていったが、それにもかかわらず、カントは、政治社会を構成する自立的・能動的公民が「みずから戦闘に加わり、戦争の費用を自己の財産によって賄う」者として、すなわち窮状において例外的な助力を提供する者として、開戦についての決定権――窮状が「正しい窮状」であるか否かについての判定権――をもつべきことを主張したわけである。

しかしながら、カントの永久平和論において重要なのは、共和政(法共同体としての構造)の意義についての指摘ばかりではない。カントはさらに、国際法が「自由な国家の連合主義《フエデラリスム》」の上に樹立されるべきことを主張する。ここに自由な国家(freier Staat)とは、当時の通念によれば、右に述べた意味での共和政国家と同義であり、したがって力点はむろん連合主義に置かれている。カントによれば、戦争(正戦)の熄んだ状態としての国際平和は、条約によって補強されていようとも、永久平和を約束するものではない。他方において、国際法が各国家に実力をもって正義を実現する可能性を認める以上、各国家が一個の複合国家(Völkerstaat)へとまとまることにより永久平和を達成することも期待できない。それゆえ、カントによれば、永久平和はさしあたり連合主義にもとづき、国家連合(Völkerbund)によって近似的に実現されるほかはない、ということになる。各国家の権利は「公民的社会結合(bürgerlicher Gesellschaftsbund)

の代替物《ズロガート》」としての自由な連合によって保障される、と説かれるのである。ここでカントが、国家連合を公民的社会結合つまり政治社会《ビュルガーリッヒェ・ゲゼルシャフト》の代替物として、より正確に言えばシュレーツァーのいわゆる「統治権力を欠くソキエタス・キヴィリス」にあたるものとしてとらえていることは、注目に値する。カントは明言していないが、ここでかれの念頭にあったのは、おそらくシュレーツァーの場合と同様に、もはや一個の国家とは認められないにせよともかく法共同体・平和共同体としての性格を保持し、そのかぎりで政治社会と認められてきた帝国の存在、ないしその代替物の必要であった。[6]

ドイツ帝国の国制がヨーロッパの平和にとって大きな意義をもつことは、すでにルソーによって指摘されている。[7]すなわちルソーによれば、ヨーロッパのほぼ中央に位置するドイツ(Corps Germanique)の国制は、それを構成する各領邦よりもむしろ隣接する諸国の保護に役立っている、とされる。この巨大な帝国は、多数の勇敢な臣民を擁しているにもかかわらず、その国制のゆえに、征服の意図も手段も有していないのである。「帝国国制が——種々の欠陥を示すものであるにもかかわらず——存続するかぎりで、ヨーロッパの均衡が破られないこと、いかなる君主も敵対者によって逐われる怖れをもたなくてすむこと、ヴェストファーレン条約がおそらくわれわれの国際体制の基礎でありつづけるであろうことには、疑問の余地がない。したがって、ドイツ人がきわめて熱心に研究している〔帝国の〕公法(国法)は、ドイツ人自身が考えているよりもさらに重要なものである。それは、ドイツの公法であるにとどまらず、ある意味では全ヨーロッパの公法なのである」。このようにドイツの公法(帝国国制)を高く評価したルソーは、これをモデルとしてヨーロッパ的規模における国家連合を形成し、ヨーロッパの永続的平和を実現すべきであると説いたのであった。しかし、ルソーがまた「通商はしだいに国家間の均衡の確立をもたらす」と説いていることから読みとれるように、かれの国家連合の構想がある程度功利主義的に基礎づけられたものだったのに対して、カントは国家連合を一個の政治社会としてとらえることにより、国際平和を大きな法共同体の内部の平和として扱う可能性を示した。[8] それゆえフィヒテは、カントの『永久平和論』に対する書評[9](一七九六)のなかで、カントの見解を要約して、「法は平和である(Recht ist Friede)。戦争はいかなる意味でも法的状態ではない。法的状態を維持すべきであるなら、戦争はありえない」と述べることができたのである。

いうまでもなく、シュレーツァーが帝国を政治社会としてとらえながらその国家性を否認したことからも明らかなように、カントの国家連合の構想も、帝国の国家性がもはや肯定されえないものとなった状況を前提とするものであった。しかも、政治社会として構成された帝国さえ崩壊に瀕している以上、帝国の存否にかかわらず、諸国家によって形成された政治社会としての連合《ブント》が永続的な平和の保障者として要求されることになったわけである。しかし、この国家連合が帝国に代るべきものとして構想されたものであるとすれば、それは帝国の場合と同様統一的な裁判権を有し、そのことによって法共同体としての性格を示すものでなければならなかった。フィヒテは、連合裁判所(Bundesgericht)の存在を、当然のこととして予定する。フィヒテによれば、連合に加わっている国家が連合裁判所に従おうとしないならば、その加盟国はそれだけで自分の立場を放棄したことになり、その加盟国に対抗する措置がとられることになる。連合裁判所の裁判によって不法が明らかになった加盟国に対しては、連合の軍隊による絶滅戦争(Vernichtungskrieg)が行なわれる、とされる。[10] フィヒテにおいて、法侵害者の法共同体からの排除によって平和を維持するという伝統的な観念が、法共同体としての国家連合に適用されていることは、明白であろう。

しかし、カントおよびフィヒテに見られる国家連合の構想は、そのままのかたちで実現可能なものではなかった。一八〇六年にナポレオンを保護者として形成されたライン同盟(Rheinbund)は、法共同体としての帝国の保護に依存してきた中小領邦にとって、「帝国の伝統を維持しつつこれを新たな要求ないし《時代精神》に適合せしめたもの」たるべきであったが、そのライン同盟も、もはや法共同体としての性格をもつものではありえなかった。[11] 帝国における帝室裁判所の役割を同盟において引き受けるべき同盟裁判所《ブンデスゲリヒト》の設置は、ライン同盟の結成を推進したドイツの理論家によってしばしば検討されながらも、ついに実現を見るには至らなかった。そのさい、同盟裁判所を設置するならばその裁判官はナポレオンによって任命され、ナポレオンがこの裁判所を通じて同盟に対する支配を確立することになろう、という危惧もむろんあったが、そればかりではない。ライン同盟は主権国家の同盟であり、したがって同盟内部の法的安全を維持することは個々の加盟国家の任務であって、同盟の任務は対外的防衛に限定される、という建前からして、同盟裁判所の設置は不可能とされたのである。同盟裁判所の代りに、判例の統一、したがってまた法の統一のために破棄院(Kassationshof)を設置するという構想においても、それは各加盟国の裁判権に対する介入を意味するものではない旨、強調された。このように、すでにライン同盟において法共同体・裁判共同体としての性格づけが不可能であったとするなら、一八一五年のドイツ同盟はなおのこと、法共同体ではありえなかった。ヴィーン会議においては帝国の再建を求める意見も見られたが、聖界領邦の接収によって生じた権力構造の変化、およびオーストリアとプロイセンの対峙を前提とするとき、そのような要求の実現は困難であった。オーストリア自身、帝国を再建して皇帝権という重荷を担うことには消極的だったのである。むろん、統一的な連邦国家を建設することはさらに困難であったから、結局ヴィーン会議は、メッテルニヒが提唱した国家同盟(Staatenbund)の途を選ぶことになった。

　ドイツ同盟(Deutscher Bund)は、ドイツ同盟規約およびヴィーン最終規約によれば、「ドイツの主権ある諸君主および諸自由都市の国際法上の同盟《フェライン》」であり、内部においては相互に平等の条約上の権利義務を有する各独立国家の団体《ゲマインシャフト》としての性格をもち、対外的には「政治的統一体へと結合した全体権力《ゲザムトマハト》」として現れるものである(同盟規約第一条、同最終規約第一条・第二条)。同盟の目的は、ドイツの対外的・対内的安全の維持、および、ドイツ各国家の独立性と不可侵性の維持にある、とされる（同盟規約第二条、同最終規約第一条）。したがって、加盟国の主権を侵害するおそれのある同盟裁判所《ブンデスゲリヒト》は設置されない。こうして、ドイツ同盟において具体化された国家同盟《シュターテンブント》は、諸国家による法共同体という構想から遠く離れたものとなった。

このように、「連合《ブント》が拡大されてゆき、しだいに全世界を覆うに至って、永久平和が実現される」（フィヒテ）ことが期待できなくなった結果、平和は、国家によって保障された国内平和（公共の安寧）か、または、国家間の実力行使の一時的な中断状態としてのみ存在しうることになる。永続的な国際平和の可能性は、「人類の黄金時代は過去のものではない。それは未来のものである。それは、社会秩序が完成されたときに現れる」（サン・シモン）という観念、利害の自然的調和と博愛主義の観念に結びついたものとしてのみ主張される。これに対して、「凪が続けば海が腐敗するように、持続的な平和、まして永久平和などというものは諸国民を腐敗させるであろう」[12]というヘーゲルの発想が、一九世紀を支配するのである。それは、「ドイツはもはや国家ではない」ということばによって法共同体の死亡宣告を行ない、近代的な国家概念を確立したヘーゲルにとっての首尾一貫した結論であった。

（1） 平和《フリーデ》の概念史については、Wilhelm Janssen, Artikel "Friede", in: Geschichtl. Grundbegriffe, Bd. 2 を参照。カントに至るまでの本文の叙述は、ヤンセンによる。

（2） Kant, Zum ewigen Frieden, 1795. なお、エラスムスからカント、ゲンツに至る平和論を、解説とともに紹介したものとして、Kurt von Raumer, Ewiger Friede. Friedensrufe und Friedenspläne seit der Renaissance, 1953 は有益である。

(3) P.-L. Weinacht, Staat, S. 44 ff.

(4) Kant, a. a. O., 2. Abschnitt.

(5) Otto Brunner, Land und Herrschaft, S. 273 ff.

(6) Reinhart Koselleck, Artikel "Bund", in: Geschichtl. Grundbegriffe, Bd. 1 によれば、「カントの計画は、〔フランス〕革命と帝国の解体とによる空白が新たな国際法的組織を要請する状況にさしかかって提出されたものであった。この計画は、当時の状況にかんがみ、(バーゼルの講和後の)フランスとプロイセンの間に、共通の共和主義的統治様式(国家形式としての共和政ではない)にもとづいて、将来の諸国家結合の中核たるべき結びつきを確保しようとするものであった」。なお、Christian Ritter, Immanuel Kant の以下のような指摘をも見よ。「《もっぱら理性の境界内》の国家についてのカントの理論の反民族主義的・《超歴史的》性格からして、国民が民族に結びつけられており、歴史的な運命共同体、文化的一体をなしているという観念は、はじめから排除されていた。かれの国家論は、キリスト教徒の現世における平和共同体としての神聖ローマ帝国の宗教的意味に、すなわち《帝国形而上学》にもとづくものではなく、法の理性形而上学にもとづくものであった……。帝国理念、すなわち超国家的平和共同体の理念が果した機能は、今や世俗化され、世界主義的に拡大されたかたちで、カントの国家連合によって果されることになった」。

(7) J.-J. Rousseau, Extrait du projet de paix perpétuelle, 1761.

(8) カントが依然として国際法(Völkerrecht)を諸国家《フォルク》から成る法共同体の法としてとらえていることは、公法(öffentliches Recht)の定義から明らかである。すなわち、Metaphysik der Sitten, Rechtslehre, 2. Teil., Das öffentliche Recht, § 43 によれば、公法とは、「相互的な関係に立ちながら正義に与るために統一的な意思の下の法的状態(憲法)を必要とする国民《フォルク》(すなわち人間の集団)にとっての、または諸国家の集団(eine Menge von Völkern)にとっての、諸法律の体系である」、とされるが、ここに見られる国法(国内法)と国際法のパラレルな把握は、カントが国際法を複合国家の法(Völkerstaatsrecht)ないし世界公民法(Weltbürgerrecht)に移行すべきものとしていることの前提となっている。カントにおいては、諸国家が法共同体を形成する以前の国際法は、戦時国際法も平時国際法も、諸国家の自然状態にかかわるものであり、したがって戦争によって獲得されたものは暫定的な所有にすぎない。諸国家が一個の団体(Staatenverein)を形成してはじめて、所有は確定的なものとなり、真の平和状態が実現されるのである。このように、カントは、自然状態→法的状態の図式を国際関係にそのまま適用した上で、大規模な複合国家の形成が事実上不可能であることを認め、国家連合において国家間の法的状態——紛争が戦争という野蛮な手段によってではなく訴訟によって平和裡に解決される状態——を近似的に実現すべきものとしたわけである。

(9) J. G. Fichte, Zum ewigen Frieden. Ein philosophischer Entwurf von Immanuel Kant, 1796.「法は平和である」という一句に、法共同体＝平和共同体における pax et iustitia の観念が端的に示されていることはいうまでもあるまい。

(10) Fichte, Grundlage des Naturrechts, Grundriß des Völker- und Weltbürgerrechts(als zweiter Anhang des Naturrechts), 1796, §§ 17, 18. フィヒテは、同様の構想を一八一二年の『法理論の体系』(Das System der Rechtslehre)においても提示している。しかし、一八〇〇年に発表した『閉鎖的商業国家』(Der geschloßene Handelsstaat)において、フィヒテは、「現状では戦争は不可避であり、不可避のことを嘆いても仕方がない」と述べ、国家が自然的境界を国境とする「閉鎖的商業国家」になってはじめて戦争の原因が除去される、と説いている。このようなフィヒテの見解は、ゲンツ(Friedrich Gentz, Über den ewigen Frieden, 1800)が示した解釈にもかかわらず、フィヒテ自身の国家連合の構想と矛盾するものではない。もっとも、一八一二年の『法理論の体系』においては、国家連合を構成する各国がそれぞれの自力によって国家としての自己保存を達成すべきことが要請されている。しかしこれは、連合《ブント》に対するフィヒテの絶望を示すものではないであろう。「みずから保障せざるものは実際には権利をもたない。保障だけが権利状態を実現するのである」というフィヒテのことばからは、むしろ、自立的権力によって担われた法共同体というイメージが浮かび上がってくるのであって、かれの国家連合は、カントの場合と同様に、まさにそのような法共同体として構想されたものと見ることができよう。

(11)　ライン同盟からドイツ同盟への発展については、コゼレックとヤンセンの上記業績を参照されたい。

(12)　Hegel, Grundlinien der Philosophie des Rechts, § 324.

■岩波オンデマンドブックス■

近代法の形成

1979年 1月25日　第1刷発行
2007年 12月25日　第8刷発行
2016年 1月13日　オンデマンド版発行

著　者　村上淳一《むらかみじゅんいち》

発行者　岡本　厚

発行所　株式会社 岩波書店
〒101-8002 東京都千代田区一ツ橋 2-5-5
電話案内 03-5210-4000
http://www.iwanami.co.jp/

印刷／製本・法令印刷

ISBN 978-4-00-730361-6　　Printed in Japan

索　　引

あ 行

か 行

さ 行

た 行

な 行

は 行

ま　行

わ　行